社 〉 会 〉 を 〉 動 〉 か 〉 す

マクロソーシャルワークの理論と実践

あたらしい一歩を踏み出すために

編集 公益社団法人日本社会福祉士会

中央法規

はじめに

　2018（平成30）年3月にとりまとめられた、社会保障審議会福祉部会福祉人材確保専門委員会の報告書「ソーシャルワーク専門職である社会福祉士に求められる役割等について」とその後の社会福祉士養成課程のカリキュラム改定および重層的支援体制整備事業等の実施に伴う社会福祉士の活用等に関する社会的なニーズが高まっている。

　今後、ソーシャルワーク専門職には、①ソーシャルワークの価値・倫理（2014年7月に改訂されたソーシャルワーク専門職のグローバル定義）に基づく「社会正義」「人権」「集団的責任」「多様性尊重」等を体現し、②クライエントに対する個別支援（ミクロレベル）、地域住民および専門職等と協働する地域共生社会の実現に資する実践（メゾレベル）、社会変革に資する実践（マクロレベル）を連動させたソーシャルワーク実践を展開し、③多様化、複合化、複雑化している問題を解決するため、制度・分野・業種を横断したさまざまな人々や機関と連携・協働しながら、ソーシャルワーク機能を発揮し、④すべての人々のウェルビーイングの増進に向けて、あらゆる人々をエンパワメントすることが求められている。

　私たちは、平和を擁護し、社会正義、人権、集団的責任、多様性尊重および全人的存在の原理に則り、人々がつながりを実感できる社会への変革と社会的包摂の実現をめざす専門職であり、多様な人々や組織と協働することを言明していることから、マクロソーシャルワークが不可欠であることはいうまでもない。

　本書は、2018（平成30）年度からの本会の取組みの成果の積み重ねと関係者の尽力と議論によって、発行に至った1冊である。本書を手にして、読まれる人々にとって、本書がよりよい社会へと動き出す一助となることを期待している。

令和3年10月1日

公益社団法人日本社会福祉士会

会長　西島　善久

本書の位置づけ

　あなたは、日々のソーシャルワーク実践のなかで、「マクロソーシャルワーク」は、自分自身には関係のないほかの誰かの実践だと感じたことはないだろうか。

　あなたは、日々の学びのなかで、「マクロソーシャルワーク」とは、特別な人だけが学ぶ理論だと考えたことはないだろうか。

　本書は、これまでのソーシャルワークに関する書籍と何が違うのか。

　それは、「マクロソーシャルワーク」だけを切り抜いた理論書ではなく、ミクロ・メゾ・マクロレベルのソーシャルワーク実践の連続である「マクロソーシャルワーク」の射程と実践を明らかにした実用書ということである。

　実用書である本書から学べることは、多岐にわたる。

　ソーシャルワーク専門職への期待、今日的な政策的動向、社会福祉士の養成課程の見直し過程と内容、ソーシャルワーク機能に関する調査結果、マクロソーシャルワークの理論的枠組み、マクロソーシャルワークに関する実践事例とその解説、横断的なソーシャルワーク機能の解説などを一体的に、かつ、体系的に学ぶことができる。

　本書は、私たちが取り組んだソーシャルワーク機能に関する調査から得られた結果と分析を起点とし、3年にも及ぶ議論と取組みの積み重ねにより創作したオリジナルの一冊である。また、本書は、マクロソーシャルワーク研修会のテキストを兼ねており、発行とあわせて研修会の企画を進めている。

　あなたは、本書を読み終えた後に、新たに「マクロソーシャルワーク」の必要性や重要性に気づくとともに、それを理解することができるだろう。

　そして、本書が、どのような状況下でも人々の人権を擁護し、社会正義を実現しようとするソーシャルワーク専門職としての価値・倫理を体現し続ける一助となることを期待したい。

　また、本書制作にあたり多大なるご尽力をいただいた石川久展先生に感謝の意を表する。

令和3年10月1日

『社会を動かすマクロソーシャルワークの理論と実践　あたらしい一歩を踏み出すために』
編集委員会委員一同

本書における用語の解説

1 ソーシャルワーク専門職

　本書では、「ソーシャルワーク専門職のグローバル定義」に基づき、ソーシャルワーク実践を担う社会福祉士と精神保健福祉士を総称して「ソーシャルワーク専門職」として表記している。なお、引用その他の表記については、この限りではないが、これと同義として整理している。

2 ソーシャルワーク

　本書では、ソーシャルワークをミクロ・メゾ・マクロレベルの連続体として整理しており、それぞれが独立したものとしてはとらえていない。そのため、連続体であることを表記する場合には、「ミクロレベル・メゾレベル・マクロレベル」のソーシャルワークとして表記している。また、それぞれのレベルのみ限定して呼称する場合、「ミクロソーシャルワーク」「メゾソーシャルワーク」「マクロソーシャルワーク」として表記している。

　そのため、特段の断りがない限りは、ミクロレベルのソーシャルワークとミクロソーシャルワーク、メゾレベルのソーシャルワークとメゾソーシャルワーク、マクロレベルのソーシャルワークとマクロソーシャルワークの用語は同義のものとして用いている。

3 ソーシャルワーク機能

　本書は、日本社会福祉士会編集「基礎研修テキスト」（2015年4月）のソーシャルワーク機能を参考にしている。これは、後述する2018（平成30）年度に実施した「ソーシャルワーク専門職である社会福祉士のソーシャルワーク機能の実態把握と課題分析に関する調査研究」の主たる調査対象が日本社会福祉士会の会員であることに起因している。当該調査実施段階においては、「基礎研修テキスト」に登載されている14のソーシャルワーク機能を、ミクロ（8）・メゾ（3）・マクロ（3）レベルに単純に整理し、これを用いて当該調査を実施したため、各ソーシャルワーク機能の用語意義は、「基礎研修テキスト」と同一である。

　しかし、その後、本書の企画および編集段階において、本書における「マクロソーシャルワーク」の定義の検討に合わせて、マクロレベルのソーシャルワーク機能に限り、独自に定義をし、整理した。詳細については、第4章を参考にされたい（p.135）。

　厳密には、序章におけるマクロレベルのソーシャルワーク機能に関する各用語の定義と第4章のマクロレベルのソーシャルワーク機能の用語の定義は、必ずしも一致しないもの

の、14あるソーシャルワーク機能のミクロ（8）・メゾ（3）・マクロ（3）レベルの整理については、同一であり、便宜上、同義として整理している。

　なお、ソーシャルワーク機能を解説する際には、各レベルが明確になるよう「ミクロレベルのソーシャルワーク機能」「メゾレベルのソーシャルワーク機能」「マクロレベルのソーシャルワーク機能」といった表記にしている。

4　ミクロソーシャルワーク

　本書におけるミクロソーシャルワークとは、個人および個人に強い影響を与える親密な関係にある家族等を対象として展開する直接的な支援であり、個人や家族等が抱えている生活問題の解決や人権侵害状況の改善に向けた意図的な実践である。個人や家族そのものの能力や社会的機能、問題解決力を高めること、資源の活用可能性を高める実践等を指す。

5　メゾソーシャルワーク

　本書におけるメゾソーシャルワークとは、グループ、組織・団体、コミュニティを構成する人々への影響を想定し、影響の対象となる人々やグループ、組織・団体、コミュニティそのものの変化や内部での問題解決に向けた意図的な実践である。グループを構成する人々の資源・能力開発によりグループ内部での資源の活用および問題解決の可能性を高めること、組織内部で構成メンバー間の支え合いやサービスへのアクセシビリティを高める実践等を指す。

6　マクロソーシャルワーク

　本書におけるマクロソーシャルワークとは、不特定多数の人々への影響を想定し、社会・経済状況、法律・制度、意識・価値観、偏見・差別等の社会不正義、慣習等の変革を目指して展開する意図的なコミュニティ実践（組織化、計画化、資源・能力開発、アドボカシー）、組織運営管理、政策実践である。

7　コミュニティ

　本書では一貫して、地理的な要件と共同性に基づく地域社会を表すほか、社会階層や宗教、性的指向や身体機能、人種、民族などの多様な同一性や共同性に基づく人々の集合体を意味することとする。例えば、「LGBTQコミュニティ」や「外国人コミュニティ」というように、さまざまなコミュニティが形成されていることを想像することができ、コミュニティのメンバーとして想定される人数や規模は、それぞれのコミュニティによって異なる。

目次

本書における用語の解説 ………………………………………………………… iv

序章

第 1 節　ソーシャルワーク専門職に求められる役割等について ………………… 2
第 2 節　令和元年度社会福祉士養成課程における教育内容等の見直しについて …………………………………………………………………………… 4
第 3 節　ソーシャルワーク機能に関する調査研究の取組みについて ………… 9
第 4 節　本書の出版の出発点とその経過 …………………………………… 17
第 5 節　本書の意義と活用方法について …………………………………… 18

第 1 章　マクロソーシャルワークの基盤となる価値と倫理

第 1 節　マクロソーシャルワークの基盤としての価値 …………………… 24
第 2 節　ソーシャルワーク専門職のグローバル定義 ……………………… 27
第 3 節　ソーシャルワークの原理とソーシャルワーク専門職の倫理綱領 ……… 33

第 2 章　マクロソーシャルワークの射程と理論的枠組み

第 1 節　マクロソーシャルワークの位置づけをめぐる議論 ……………… 40
第 2 節　マクロソーシャルワークの射程 ………………………………… 42
第 3 節　マクロソーシャルワーク実践の理論的枠組み ………………… 56

第 3 章　マクロソーシャルワークの展開と過程

第 1 節　マクロソーシャルワークの展開と過程の枠組み ……………… 68
第 2 節　マクロソーシャルワーク実践事例 ……………………………… 71
　　　　事例 1　制度を超えた 24 時間ホームヘルパー派遣事業の実現過程 ……… 71
　　　　事例 2　みま〜も（高齢者見守りネットワーク）構築の実践 …………… 90
　　　　事例 3　多文化共生、国内における
　　　　　　　　イスラム文化への差別・偏見をなくす実践 ……………… 110

第 **4** 章 ソーシャルワーク専門職に求められるマクロレベルのソーシャルワーク機能

第 1 節 ソーシャルワーク専門職の主要な機能 ……………………………… 132

第 2 節 本書におけるマクロレベルのソーシャルワーク機能 …………………… 133

第 3 節 事例にみるマクロレベルのソーシャルワーク機能を果たすために
必要な要素 ……………………………………………………………… 137

第 4 節 まとめ ……………………………………………………………… 143

まとめ

第 1 節 本書におけるマクロソーシャルワークの到達点 …………………… 146

第 2 節 マクロソーシャルワーク実践に求められる価値・知識・技術 ………… 148

第 3 節 これからのマクロソーシャルワークの方向性 ……………………… 149

編集委員会委員一覧

序章

第1節 ソーシャルワーク専門職に求められる役割等について

　2020（令和2）年6月4日の参議院厚生労働委員会において、地域共生社会の実現のための社会福祉法等の一部を改正する法律案に対する附帯決議として、「1．重層的支援体制整備事業について、同事業が介護、障害、子ども及び生活困窮の相談支援等に加え、伴走支援、多機関協働、アウトリーチ支援等の新たな機能を担うことを踏まえ、同事業がより多くの市町村において円滑に実施されるよう、裁量的経費を含めて必要な予算を安定的に確保するとともに、既存の各種事業の継続的な相談支援の実施に十分留意し、その実施体制や専門性の確保・向上に向けた施策を含め、市町村への一層の支援を行うこと。また、同事業を実施するに当たっては、社会福祉士や精神保健福祉士が活用されるよう努めること」とされた。

　特に、社会福祉法に新たに規定された重層的支援体制整備事業で求められているものは、生活課題に取り組みウェルビーイングを高めるよう、そこで暮らす人々やグループをはじめ、組織や団体、制度・政策等のさまざまな構造にはたらきかける「ソーシャルワーク」である。また、地域共生社会の実現に向け、あらためて「ソーシャルワーク」と、ソーシャルワーク専門職である社会福祉士および精神保健福祉士の必要性が評価されたものであり、画期的なことであるといえる。

　2021（令和3）年4月からは、地域共生社会の実現を推進し、新たな福祉ニーズに対応するため、ソーシャルワーク専門職としての役割を果たすことができるよう、新たな社会福祉士の養成課程がはじまっている。2007（平成19）年度に行われて以来であり、約15年を経た養成課程の見直しである。

　この間の社会経済状況の変化は著しいものがあった。例えば、2015（平成27）年9月17日付けで、厚生労働省新たな福祉サービスのシステム等のあり方検討プロジェクトチームが公表した「誰もが支え合う地域の構築に向けた福祉サービスの実現──新たな時代に対応した福祉の提供ビジョン」の現状と課題として「家族・地域社会の変化に伴い複雑化する支援ニーズへの対応」として、次のとおりに明記している。

　　これまでの日本の福祉サービスは、高齢者、児童、障害者など対象ごとに充実・発展してきた。加えて、高齢者施策については地域包括ケアを進め、子育て支援についても地域での子育てが重視されるようになり、障害者福祉については施設から地域へと、地域福祉

づくりに取り組んできた。

　その一方で、共働き世帯の増加や高齢者の増加により子育てや介護の支援がこれまで以上に必要となる中、高齢者介護・障害者福祉・子育て支援・生活困窮等様々な分野において、核家族化、ひとり親世帯の増加、地域のつながりの希薄化等により、家族内又は地域内の支援力が低下しているという状況がある。

　また、医学の進歩等に伴い、医療を受けながら地域で暮らす患者等が増加し、それに伴い、これらの者の福祉サービスに対するニーズも増大している。

　さらに、様々な分野の課題が絡み合って複雑化したり、世帯単位で複数分野の課題を抱えるといった状況がみられる。

　こうした課題に対して、地域全体で支える力を再構築することが求められる。同時に支援のあり方としても、これまでのように分野ごとに相談・支援を提供しても、必ずしも十分な相談・支援が実現できるとは限らない状況が生じてきている。

　上記ビジョンの翌年、2016（平成28）年6月2日に閣議決定された「ニッポン一億総活躍プラン」では、子ども・高齢者・障害者などすべての人々が地域、暮らし、生きがいを共につくり、高め合うことができる「地域共生社会」の実現に向けて、支え手側と受け手側に分かれるのではなく、地域のあらゆる住民が役割をもち、支え合いながら、自分らしく活躍できる地域コミュニティを育成し、福祉などの地域の公的サービスと協働して助け合いながら暮らすことのできる仕組みを構築する必要性が示された。

　こうした時代的な背景を踏まえながら、社会福祉士養成課程の見直しの方向性について、2018（平成30）年3月に社会保障審議会福祉部会福祉人材確保専門委員会（以下、専門委員会）の報告書「ソーシャルワーク専門職である社会福祉士に求められる役割等について」に取りまとめられたところである。

　専門委員会では、2016（平成28）年12月以降、計5回にわたり、地域共生社会の実現に向けて求められるソーシャルワークの機能やそのなかで社会福祉士が担うべき役割、多様化・複雑化する地域の課題に対応できる実践力の強化のための方策等について議論が行われた。

　公益社団法人日本社会福祉士会からも前会長である鎌倉克英氏と現会長である西島善久氏も委員として出席するなどして、実践者としての立場から現状と課題をはじめ、見直しに向けた提案などを述べたところである。

　この報告書において、社会福祉士の養成課程の見直しの方向性として示されたのは、①養成カリキュラムの内容の充実、②実習および演習の充実、③実習施設の範囲の見直しであっ

た。①養成カリキュラムの内容の充実に関する具体的内容としては、「社会福祉士が、個人及びその世帯が抱える課題への支援を中心として、分野横断的・業種横断的な関係者との関係形成や協働体制を構築し、それぞれの強みを発見して活用していくため、コーディネーションや連携、ファシリテーション、プレゼンテーション、ネゴシエーション（交渉）、社会資源開発・社会開発などを行うとともに、地域の中で中核的な役割を担える能力を習得できる内容とすべきである」と明記された。②実習および演習に関する具体的な内容としては、「現場での学習及びそれに資する教育の機会や時間を増やすため、講義・演習・実習の充実を検討するとともに、アウトリーチ、ネットワーキング、社会資源の活用・調整・開発に関する実践能力を習得し、実際に活用できるようにするための教育内容について検討を行う必要がある」と明記された。

　ソーシャルワーク専門職として、地域共生社会の実現を推進し、新たな福祉ニーズに対応するため、「多様化・複雑化した個人や世帯の課題を適切に把握し、現状のサービスでは解決できていない問題や潜在的なニーズに対応するために多職種・多機関と連携や交渉を行い、支援をコーディネートしながら課題を解決できるだけでなく、課題の解決に向けて地域に必要な社会資源を開発できる実践能力を有する人材」が求められ、ミクロレベルから、メゾレベル・マクロレベルまでのソーシャルワーク実践を展開できる力量が求められたところである。

令和元年度社会福祉士養成課程における教育内容等の見直しについて

第 2 節

　2019（平成31）年3月6日付けで厚生労働省から令和元年度社会福祉士養成課程における教育内容等の見直しに関する関係法令・通知等が発出された。その概要については、厚生労働省社会・援護局福祉基盤課福祉人材確保対策室が2019（令和元）年6月28日付けで公表した資料「Ⅰ　社会福祉士養成課程における教育内容等の見直しについて」の 図1〜3 のとおりである。

　養成カリキュラムの内容の充実として、地域共生社会に関する科目が創設されるとともに、ソーシャルワーク機能を学ぶ科目が再構築された。現行の「⑥相談援助の基盤と専門職（60時間）」は、「⑥ソーシャルワークの基盤と専門職（30時間）」と「⑦ソーシャルワークの基盤と専門職（専門）（30時間）」に、「⑦相談援助の理論と方法（120時間）」は、「⑧ソー

図1 社会福祉士養成課程の教育内容等の見直し（主な事項）

1 養成カリキュラムの内容の充実

○地域共生社会に関する科目の創設【地域福祉と包括的支援体制（60時間）】

⇒地域共生社会の実現に向けて求められる社会福祉士が担うべき役割を理解し、多機関の協働による包括的な相談支援体制の仕組み等の知識を習得するための科目として「地域福祉と包括的支援体制」を創設する。

※現行の「地域福祉の理論と方法」と「福祉行財政と福祉計画」を基礎として教育内容を見直し。

○ソーシャルワーク機能を学ぶ科目の再構築

⇒ソーシャルワーク機能の実践能力を有する社会福祉士を養成するため、「講義―演習―実習」の学習循環を作るとともに、ソーシャルワークの専門職である社会福祉士と精神保健福祉士の養成課程において共通して学ぶべき内容（共通科目）と、社会福祉士として専門的に学ぶべき内容が明確になるよう、科目を再構築する。

実習演習科目のうち、共通科目となる「ソーシャルワーク演習」については、精神保健福祉士養成課程との合同授業を可能とする。

※講義の科目については、既に合同授業は認められている。

現行の科目	時間数		見直し後の科目	時間数
⑥相談援助の基盤と専門職	60	→	⑥ソーシャルワークの基盤と専門職	30
			⑦ソーシャルワークの基盤と専門職（専門）	30
⑦相談援助の理論と方法	120	→	⑧ソーシャルワークの理論と方法	60
			⑨ソーシャルワークの理論と方法（専門）	60
⑳相談援助演習	150	→	⑳ソーシャルワーク演習	30
			㉑ソーシャルワーク演習（専門）	120
㉒相談援助実習	180	→	㉓ソーシャルワーク実習	240

※共通科目
⑥ソーシャルワークの基盤と専門職
⑧ソーシャルワークの理論と方法
⑳ソーシャルワーク演習

○司法領域に関する教育内容の見直し及び時間数の拡充【刑事司法と福祉（30時間）】

⇒司法と福祉の更なる連携を促進し、司法領域において社会福祉士が求められる役割を果たすことができるよう、現行の「更生保護」を基礎として教育内容の見直しを行うとともに、時間数を拡充し、社会福祉士と精神保健福祉士の共通科目として「刑事司法と福祉」を創設する。

現行の科目	時間数		見直し後の科目	時間数
⑲更生保護制度	15	→	⑲刑事司法と福祉	30

資料：厚生労働省「社会福祉士養成課程における教育内容等の見直しについて」2019年

図2

1 養成カリキュラムの内容の充実

○社会福祉に関する指定科目、基礎科目の必修化

⇒社会福祉士として求められる知識等を適切に学ぶ観点から、複数の科目のうち1科目を履修することとしている現行の仕組み（※）を見直し、全ての科目の履修を必修化する。

> ※大学等においては、
> 　「人体の構造と機能及び疾病」、「心理学理論と心理的支援」、「社会理論と社会システム」のうちの1科目を履修
> 　「就労支援サービス」、「権利擁護と成年後見制度」、「更生保護制度」のうちの1科目を履修

2 実習及び演習の充実

○ソーシャルワーク機能を学ぶ科目の再構築【ソーシャルワーク演習（30時間）】【ソーシャルワーク演習（専門）（120時間）】（再掲）

⇒ソーシャルワーク機能の実践能力を有する社会福祉士を養成するため、講義で学習した知識や技術を統合し具体的な事例を用いて実践的に、基礎的なソーシャルワーク機能を習得する演習科目において、ソーシャルワークの専門職である社会福祉士と精神保健福祉士の養成課程において共通して学ぶべき内容（共通科目）と、社会福祉士として専門的に学ぶべき内容が明確になるよう、科目を再構築する。
実習演習科目のうち、共通科目となる「ソーシャルワーク演習」については、精神保健福祉士養成課程との合同授業を可能とする。

現行の科目	時間数		見直し後の科目	時間数	
⑳相談援助演習	150	→	⑳ソーシャルワーク演習	30	※共通科目 ⑳ソーシャルワーク演習
			㉑ソーシャルワーク演習（専門）	120	

○ソーシャルワーク機能の実践能力を養う実習時間数の拡充【ソーシャルワーク実習（240時間）】（再掲）

⇒ソーシャルワーク機能の実践能力を有する社会福祉士を養成するため、施設や事業所等の現場において実践能力を養う実習科目において、地域における多様な福祉ニーズや多職種・多機関協働、社会資源の開発等の実態を学ぶことが出来るよう、実習の時間数を拡充し、2以上の実習施設で実習を行うこととする。

現行の科目	時間数		見直し後の科目	時間数
㉒相談援助実習	180	→	㉓ソーシャルワーク実習	240

○実習時間の免除の実施
　⇒福祉の専門職である介護福祉士、精神保健福祉士の資格を有する者（履修中の者を含む）が、社会福祉士の養成課程において実習を行う場合、社会福祉士の資格を取得することを希望する者の負担の軽減を図るため、60時間を上限に実習を免除する。

社会福祉士	← （60時間を上限に実習を免除）	介護福祉士
	←	精神保健福祉士

※社会福祉士の資格を有する者が、介護福祉士又は精神保健福祉士の取得を希望する場合は、既に実習時間の免除が行われている。

資料：厚生労働省「社会福祉士養成課程における教育内容等の見直しについて」2019年

シャルワークの理論と方法（60時間）」と「⑨ソーシャルワークの理論と方法（専門）（60時間）」に、「⑳相談援助演習（150時間）」は、「⑳ソーシャルワーク演習（30時間）」と「㉑ソーシャルワーク演習（専門）（120時間）」に、「㉒相談援助実習（180時間）」は、「㉓ソーシャルワーク実習（240時間）」に再構築された。また、「相談援助」という用語が、「ソーシャルワーク」へと改められたことは特筆すべき点である。この点に関しては、厚生労働省は、「令和元年度社会福祉士養成課程における教育内容等の見直しに係るQ＆Aについて」において、「科目名として『相談援助』を使用する場合、科目を読み替えする場合の表現として『ソーシャルワーク』を使用しており、社会福祉士を養成している教育現場等においても、広く『ソーシャルワーク』という表現が使用されていると認識している」「報告書においても『相談援助』に代えて『ソーシャルワーク』という表現を用いて、今後の社会福祉士のあり方等を提言していることから、今回の見直しにおいて、科目の名称に『ソーシャルワーク』という表現を用いることとした」と説明している。

　また、地域における多様な福祉ニーズや多職種・多機関協働、社会資源の開発等の実態を学ぶことができるよう、ソーシャルワーク実習の時間数が現行の180時間から240時間へと拡充し、2か所以上の実習施設において実習することとされた。

　2016（平成28）年12月にはじまった専門委員会での議論、2019（令和元）年6月の社会福祉士養成課程の教育内容等の見直し、2020（令和2）年6月の参議院厚生労働委員会での地域共生社会の実現のための社会福祉法等の一部を改正する法律案に対する附帯決議までの一連の流れから、地域共生社会を推進するうえで中核的な人材としての社会福祉士および精神保健福祉士への期待と評価の表れであるといえよう。

　ソーシャルワーク専門職は、これらの期待に応えられるよう、個別の相談支援にとどまらず、メゾレベル・マクロレベルのソーシャルワーク機能を発揮するなどして、「地域に必要な社会資源を開発できる実践能力」が求められているところである。

図3

3 実習施設の範囲の見直し

○実習施設の範囲の拡充

⇒実習を行う施設について、社会福祉士国家試験の受験資格に係る実務経験として認められる施設等の範囲と同等にするとともに、法人が独自に実施する事業等の場においても実習を行うことで地域における多様な福祉ニーズを学べるよう、実習施設の範囲を拡充する。

【新たに実習施設の範囲に含まれる施設等の例】

都道府県社会福祉協議会、教育機関（スクールソーシャルワーカー）、地域生活定着支援センター等

4 共通科目の拡充

○精神保健福祉士養成課程の教育内容との共通科目の拡充

⇒ソーシャルワークの専門職である社会福祉士と精神保健福祉士の養成課程において、相互に資格を取得することを希望する者の負担の軽減を図るため、それぞれの専門性に留意しつつ、共通となる科目数・時間数を拡充する。

【共通科目の見直し】　現行：11科目、420時間 ⇒ 見直し後：13科目、510時間

現行の共通科目	時間数	見直し後の共通科目	時間数
①人体の構造と機能及び疾病	30	①医学概論	30
②心理学理論と心理的支援	30	②心理学と心理的支援	30
③社会理論と社会システム	30	③社会学と社会システム	30
④現代社会と福祉	60	④社会福祉の原理と政策	60
⑧地域福祉の理論と方法	60	⑩地域福祉と包括的支援体制	60
⑨福祉行財政と福祉計画	30	⑫社会保障	60
⑪社会保障	60	⑭障害者福祉	30
⑬障害者に対する支援と障害者自立支援制度	30	⑱権利擁護を支える法制度	30
⑮低所得者に対する支援と生活保護	30	⑤社会福祉調査の基礎	30
⑯保健医療サービス	30	⑥ソーシャルワークの基盤と専門職	30
⑱権利擁護と成年後見制度	30	⑧ソーシャルワークの理論と方法	60
合計	420	⑲刑事司法と福祉	30
		⑳ソーシャルワーク演習	30
		合計	510

新設

資料：厚生労働省「社会福祉士養成課程における教育内容等の見直しについて」2019年

第3節 ソーシャルワーク機能に関する調査研究の取組みについて

二つの調査研究事業について

　公益社団法人日本社会福祉士会（以下、本会）では、前節の社会福祉士の養成課程の見直しに至るまでの取組みとして、2017（平成29）年度に厚生労働省の社会福祉推進事業（一般テーマ）の採択を受け、「地域共生社会の実現に資する体制構築を推進するソーシャルワークのあり方に関する実証的調査研究（以下、2017年質的調査)」を実施した。

　2017年質的調査では、地域共生社会の実現に資するソーシャルワーク実践を展開する20名の社会福祉士の実践事例分析調査を行った。社会福祉士がソーシャルワーク機能を発揮することによって、個人、組織、地域社会の変化へとつながり、それらが課題解決につながっていることを明らかにすることができた。

　さらに、翌年2018（平成30）年度は、厚生労働省2018年度社会福祉推進事業（重点テーマ）の採択を受け、「ソーシャルワーク専門職である社会福祉士のソーシャルワーク機能の実態把握と課題分析に関する調査研究（以下、2018年実態調査)」を実施した。

　2018年実態調査の背景としては、専門委員会において、社会福祉士の地域共生社会の実現に向けた活動状況等の把握の重要性が示されたことがあげられる。

　そのため、ソーシャルワーク専門職である社会福祉士のソーシャルワーク機能の発揮状況、果たしている役割等の実態把握と課題分析を通して改善策を明らかにし、有効的・効果的な活用と国民の理解の促進を図ることを目的として、量的調査と質的調査の組み合わせによる調査を実施した。

i　社会福祉士会会員実態調査（悉皆調査）

　はじめに、「社会福祉士会会員実態調査（悉皆調査）（以下、悉皆調査)」を実施した。これは、全国の市町村におけるさまざまな分野において、実践・活動している本会の個人会員（4万2107人）に対する悉皆調査を通して、社会福祉士のソーシャルワーク機能の発揮状況、個人・組織・社会の各レベルでの役割、実践環境等の把握と課題分析を行った。調査方法は、郵送により調査票を送付し、返信用封筒にて郵送回収した。記入方法はマークシート式として行った。主な調査内容としては、社会福祉士の就労状況、ソーシャルワーク機能の発揮状況、個人・組織・社会の各レベルでの役割、実践環境等の把握と課題

分析とした。回答者数は、7512 人（回答率は 17.8％）であった。

ii　フォーカス・グループ・インタビュー調査

　続いて、社会福祉士がソーシャルワーク機能を発揮するための促進要因・阻害要因を明らかにすることを目的にフォーカス・グループ・インタビュー調査を実施した。一定程度ソーシャルワーク機能を発揮している社会福祉士が所属している社会福祉士会を通して抽出した 15 人である。インタビューは、3 グループ（1 グループ 5 人参加）約 2 時間として実施した。また、この調査で得られた結果をもとに次のソーシャルワーク機能発揮促進要因に関する調査（標本調査）につなげることとした。

iii　ソーシャルワーク機能発揮促進要因に関する調査（標本調査）

　さらに、悉皆調査において、ソーシャルワーク機能発揮促進要因に関する調査（標本調査）（以下、標本調査）の協力を受諾した社会福祉士に対して、ソーシャルワーク機能の発揮を促進する要因、実践環境等の実態把握を行った。調査対象は、悉皆調査において標本調査の協力を受諾した 2692 人とした。調査方法としては、郵送によりインターネット調査協力を依頼し、インターネット上で回答してもらった。主な調査内容は、専門職団体との関係、自律性、勤務先での業務、職場環境、組織コミットメント、キャリアコミットメント、ネットワーク、ソーシャルワークの価値・倫理として実施した。

ソーシャルワーク機能の発揮状況について

　2018 年実態調査の結果のうち、ソーシャルワーク機能発揮状況について、ミクロレベルのソーシャルワーク機能として **表1** のように、メゾレベルのソーシャルワーク機能として **表2** のように、マクロレベルのソーシャルワーク機能として **表3** のように類型化して、

表1　ミクロレベルのソーシャルワーク機能

(1)　側面的援助機能	(2)　代弁機能
(3)　直接支援機能	(4)　教育・指導機能
(5)　保護機能	(6)　仲介機能
(7)　調停機能	(8)　ケア（ケース）マネジメント機能

表2　メゾレベルのソーシャルワーク機能

(9)　管理・運営機能	(10)　スーパービジョン機能
(11)　ネットワーキング（連携）機能	

表3　マクロソーシャルワーク機能

(12)　代弁・社会改革機能	(13)　組織化機能
(14)　調査・計画機能	

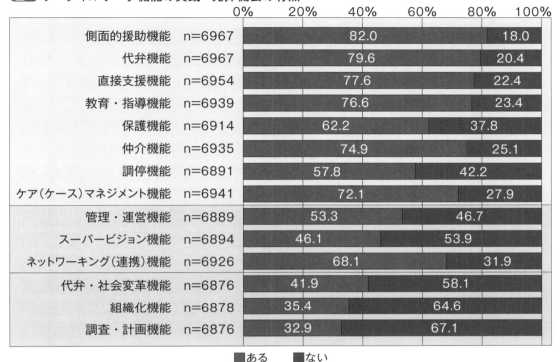

図4 ソーシャルワーク機能の実践・発揮機会の有無

		ある	ない
側面的援助機能	n=6967	82.0	18.0
代弁機能	n=6967	79.6	20.4
直接支援機能	n=6954	77.6	22.4
教育・指導機能	n=6939	76.6	23.4
保護機能	n=6914	62.2	37.8
仲介機能	n=6935	74.9	25.1
調停機能	n=6891	57.8	42.2
ケア（ケース）マネジメント機能	n=6941	72.1	27.9
管理・運営機能	n=6889	53.3	46.7
スーパービジョン機能	n=6894	46.1	53.9
ネットワーキング（連携）機能	n=6926	68.1	31.9
代弁・社会変革機能	n=6876	41.9	58.1
組織化機能	n=6878	35.4	64.6
調査・計画機能	n=6876	32.9	67.1

■ある ■ない

資料：公益社団法人日本社会福祉士会「ソーシャルワーク専門職である社会福祉士のソーシャルワーク機能の実態把握と課題分析に関する調査研究事業報告書」2019年

知識・技術、機会の有無、経験の有無に関して分析を行ったところ、得られた結果としては、**図4** のとおりである。

i ミクロレベルのソーシャルワーク機能について

また、ミクロレベルのソーシャルワーク機能の発揮の機会の有無について、8機能を平均してみると、72.9％の社会福祉士がミクロレベルのソーシャルワーク機能を発揮する機会を有している（**図4** 参照）。また、発揮する機会を有する社会福祉士のうち、経験の有無について8機能を平均してみると、92.8％の社会福祉士が経験を有していることがわかった（**図6** 参照）。

ミクロレベルのソーシャルワーク機能の発揮のために必要な知識・技術では、「有している」と「ある程度有している」を合わせて8機能を平均してみると、73.0％の社会福祉士がミクロレベルのソーシャルワーク機能を発揮するために必要な知識・技術を有していることがわかった（**図5** 参照）。社会福祉士は、分野横断的な就労先で多様な職種として、ミクロレベルのソーシャルワーク機能を発揮しながら、クライエントに対する相談支援（相談援助）を十分に担っていることが明らかになった。

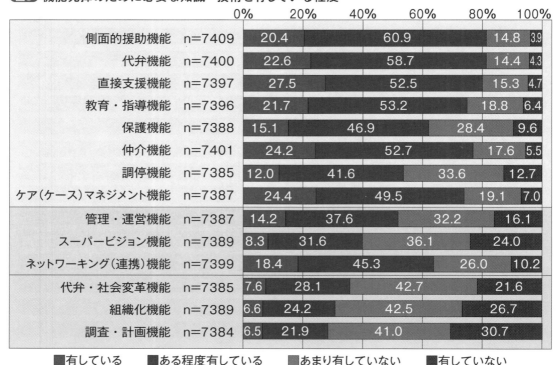

図5 機能発揮のために必要な知識・技術を有している程度

		有している	ある程度有している	あまり有していない	有していない
側面的援助機能	n=7409	20.4	60.9	14.8	3.9
代弁機能	n=7400	22.6	58.7	14.4	4.3
直接支援機能	n=7397	27.5	52.5	15.3	4.7
教育・指導機能	n=7396	21.7	53.2	18.8	6.4
保護機能	n=7388	15.1	46.9	28.4	9.6
仲介機能	n=7401	24.2	52.7	17.6	5.5
調停機能	n=7385	12.0	41.6	33.6	12.7
ケア(ケース)マネジメント機能	n=7387	24.4	49.5	19.1	7.0
管理・運営機能	n=7387	14.2	37.6	32.2	16.1
スーパービジョン機能	n=7389	8.3	31.6	36.1	24.0
ネットワーキング(連携)機能	n=7399	18.4	45.3	26.0	10.2
代弁・社会変革機能	n=7385	7.6	28.1	42.7	21.6
組織化機能	n=7389	6.6	24.2	42.5	26.7
調査・計画機能	n=7384	6.5	21.9	41.0	30.7

■有している　■ある程度有している　■あまり有していない　■有していない

資料：公益社団法人日本社会福祉士会「ソーシャルワーク専門職である社会福祉士のソーシャルワーク機能の実態把握と課題分析に関する調査研究事業報告書」2019年

ii　メゾレベルのソーシャルワーク機能について

　メゾレベルのソーシャルワーク機能の発揮の機会の有無をみると、「ネットワーキング（連携）機能」で社会福祉士4719人（68.1％）は機会が「ある」と回答している。そのうち、経験したことが「ある」と回答した社会福祉士が4112人（89.0％）となっている。知識・技術でも「有している」と「ある程度有している」を合わせると4717人（63.7％）となっており、組織内や組織外の関係機関とのネットワーク構築に大きな役割を果たしていることが明らかになった。

　また、「管理・運営機能」で発揮する機会が「ある」と回答した社会福祉士は3674人（53.3％）となっており、3165人（87.9％）の社会福祉士が経験を有している。知識・技術について「有している」と「ある程度有している」を合わせると3822人（51.8％）の社会福祉士が有している。

　現在の主たる就労先における役職等では、4796人（69.0％）の社会福祉士が「管理職または経営者ではない」と回答していることからすると、役職等にかかわりなく、主たる勤務先において、提供するサービス等の内容の改善や質の向上に向けた取組み等のなかで役

図6 ソーシャルワーク機能の実践・発揮経験の有無

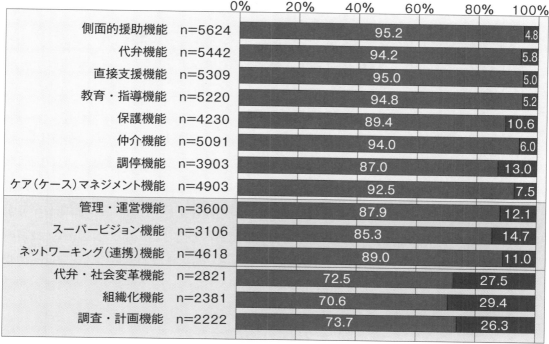

資料：公益社団法人日本社会福祉士会「ソーシャルワーク専門職である社会福祉士のソーシャルワーク機能の実態把握と課題分析に関する調査研究事業報告書」2019年

割を果たしていることが明らかになった。

「スーパービジョン機能」とは、スーパーバイザーとして有能な社会福祉士の育成のための指導やサポート等の機能である。この機能の発揮の機会の有無は3178人（46.1％）であり、そのうち、2648人（85.3％）の社会福祉士が実際にスーパービジョンの経験も有していることがわかる。スーパービジョンに関する知識・技術に関しては、知識・技術について「有している」と「ある程度有している」を合わせると2949人（39.9％）となっている。

メゾレベルのソーシャルワーク機能の発揮について、三つの機能を平均してみると、メゾレベルのソーシャルワーク機能を発揮する機会のある社会福祉士の割合は55.8％とやや限られていること、その知識・技術を有する割合は51.8％にとどまっていることが明らかになった。

iii　マクロレベルのソーシャルワーク機能について

・マクロレベルのソーシャルワーク機能の発揮機会

マクロレベルのソーシャルワーク機能の発揮機会の有無をみると、「代弁・社会変革

機能」が 2883 人（41.9％）、「組織化機能」は 2434 人（35.4％）、「調査・計画機能」は 2263 人（32.9％）で、これらの三つの機能を平均すると 36.7％となっており、ミクロレベルのソーシャルワーク機能やメゾレベルのソーシャルワーク機能に比べて、マクロレベルのソーシャルワーク機能を発揮する機会そのものがかなり限られていることが明らかとなった。

- マクロレベルのソーシャルワーク機能の経験

　また、経験の有無に関して、「代弁・社会変革機能」が 2044 人（72.5％）、「組織化機能」が 1681 人（70.6％）、「調査・計画機能」は 1637 人（73.7％）で、これら三つの機能を平均すると 72.3％と、ほかの機能に比べて機会があっても経験できない社会福祉士の割合がやや高くなっている。この要因は、マクロレベルのソーシャルワーク機能を発揮する機会があっても経験しづらい環境にあることであると明らかとなった。知識・技術の有無について、「有している」と「ある程度有している」を合わせると「代弁・社会変革機能」2635 人（35.7％）、「組織化機能」2279 人（30.8％）、「調査・計画機能」2095 人（28.4％）となり平均すると 31.6％となっている。

- マクロレベルのソーシャルワーク機能の発揮機会の少なさ

　特に、社会福祉士が地域づくりに資するマクロレベルのソーシャルワーク機能を発揮する機会が限られており、知識・技術についても十分とはいえない状況にあることが課題として明らかとなった。フォーカス・グループ・インタビュー調査において「利用者や家族への個別支援というミクロレベルにおいてはうまく社会福祉士としての専門性が発揮できていても、メゾやマクロレベル、つまり、地域での活動や制度や政策への働きかけなどにおける専門性の発揮に課題がある」とあげられていたこととも一致する。

　また、標本調査の結果からマクロレベルのソーシャルワーク機能を発揮する機会は、「地域住民とのかかわり」「ソーシャルワークに対する考え方」の相関性がほかに比べて高い。マクロレベルのソーシャルワーク機能を発揮するために必要な知識・技術についても、「地域住民とのかかわり」「ソーシャルワークに対する考え方」との相関性が有意に高い。このことから「地域住民とのかかわり」と「ソーシャルワークに対する考え方」が重要な要因であることが明らかとなった。

　マクロレベルのソーシャルワーク機能を発揮する促進要因に着目すると、「専門職団体との関係性」「自律性」「ネットワーク」「地域住民とのかかわり」「ソーシャルワークに対する考え方」が重要な要因となっていることが示唆された（表4）。なお、ここでいう「地域住民とのかかわり」とは、多様なコミュニティ内で暮らす住民とのかかわりを意味する。コミュニティ内の住民とのかかわりを有することが、マクロレベルのソー

表4 ソーシャルワーク機能と促進・阻害要因となる項目との相関

標本調査の設問		問1関係	問1関係	問2関係	問3関係	問3関係	問3関係	問3関係	問3関係	問4関係	問5関係	問6関係	問7関係	問8関係
		専門職団体との関係	自律性	勤務先の業務	職場環境_仕事への関与	職場環境_同僚との関係	職場環境_仕事へのプレッシャー	職場環境_仕事の明示性	職場環境_革新性	組織コミットメント	キャリアコミットメント	ネットワーク	地域住民とのかかわり	ソーシャルワークに対する考え方
SW機能（ミクロ）必要な知識	Pearsonの相関係数	.268**	.453**	0.011	.072*	.060*	0.013	.116**	.117**	-0.031	.123**	.351**	.277**	.384**
	有意確率(両側)	0.000	0.000	0.718	0.014	0.041	0.655	0.000	0.000	0.296	0.000	0.000	0.000	0.000
	度数	1156	1156	1156	1156	1156	1156	1156	1156	1156	1156	1156	1156	1156
SW機能（メゾ）必要な知識	Pearsonの相関係数	.258**	.466**	0.037	.090**	.080**	-0.040	.140**	.195**	0.040	.147**	.317**	.317**	.398**
	有意確率(両側)	0.000	0.000	0.212	0.002	0.006	0.172	0.000	0.000	0.175	0.000	0.000	0.000	0.000
	度数	1168	1168	1168	1168	1168	1168	1168	1168	1168	1168	1168	1168	1168
SW機能（マクロ）必要な知識	Pearsonの相関係数	**.256****	**.387****	0.050	0.043	0.029	-0.041	.081**	.130**	-0.009	.109**	**.326****	**.465****	**.500****
	有意確率(両側)	0.000	0.000	0.091	0.143	0.326	0.161	0.006	0.000	0.751	0.000	0.000	0.000	0.000
	度数	1164	1164	1164	1164	1164	1164	1164	1164	1164	1164	1164	1164	1164
SW機能（全体）必要な知識	Pearsonの相関係数	.293**	.500**	0.032	.077**	.061*	-0.013	.128**	.158**	-0.006	.140**	.378**	.378**	.474**
	有意確率(両側)	0.000	0.000	0.279	0.009	0.038	0.671	0.000	0.000	0.834	0.000	0.000	0.000	0.000
	度数	1142	1142	1142	1142	1142	1142	1142	1142	1142	1142	1142	1142	1142
SW機能（ミクロ）機会の有無	Pearsonの相関係数	.114**	.289**	-0.050	0.032	0.039	0.035	.061*	.073*	0.036	.148**	.223**	.186**	.197**
	有意確率(両側)	0.000	0.000	0.100	0.297	0.195	0.246	0.044	0.016	0.230	0.000	0.000	0.000	0.000
	度数	1090	1090	1090	1090	1090	1090	1090	1090	1090	1090	1090	1090	1090
SW機能（メゾ）機会の有無	Pearsonの相関係数	.150**	.347**	-0.016	.071*	.068*	-0.002	.140**	.217**	.149**	.178**	.270**	.293**	.261**
	有意確率(両側)	0.000	0.000	0.590	0.018	0.023	0.935	0.000	0.000	0.000	0.000	0.000	0.000	0.000
	度数	1108	1108	1108	1108	1108	1108	1108	1108	1108	1108	1108	1108	1108
SW機能（マクロ）機会の有無	Pearsonの相関係数	.166**	.283**	-0.004	0.046	0.024	-0.001	.081**	.162**	.132**	.184**	.278**	**.503****	**.368****
	有意確率(両側)	0.000	0.000	0.896	0.128	0.426	0.967	0.007	0.000	0.000	0.000	0.000	0.000	0.000
	度数	1110	1110	1110	1110	1110	1110	1110	1110	1110	1110	1110	1110	1110
SW機能（全体）機会の有無	Pearsonの相関係数	.162**	.369**	-0.038	0.054	0.051	0.024	.105**	.162**	.112**	.205**	.307**	.360**	.316**
	有意確率(両側)	0.000	0.000	0.215	0.077	0.095	0.435	0.001	0.000	0.000	0.000	0.000	0.000	0.000
	度数	1081	1081	1081	1081	1081	1081	1081	1081	1081	1081	1081	1081	1081
SW機能（ミクロ）経験の有無	Pearsonの相関係数	0.082	.207**	-0.013	0.000	0.017	0.056	0.030	0.022	0.021	.122**	.138**	0.071	.149**
	有意確率(両側)	0.060	0.000	0.771	0.999	0.692	0.196	0.495	0.613	0.632	0.005	0.001	0.103	0.001
	度数	526	526	526	526	526	526	526	526	526	526	526	526	526
SW機能（メゾ）経験の有無	Pearsonの相関係数	.126**	.305**	0.023	0.002	0.059	-0.046	0.011	.100*	0.05	.157**	.182**	.127**	.173**
	有意確率(両側)	0.008	0.000	0.632	0.973	0.216	0.337	0.822	0.035	0.291	0.001	0.000	0.007	0.000
	度数	444	444	444	444	444	444	444	444	444	444	444	444	444
SW機能（マクロ）経験の有無	Pearsonの相関係数	.129*	.294**	0.075	0.090	-0.004	-0.031	0.089	0.088	-0.043	0.066	.163**	.280**	.310**
	有意確率(両側)	0.021	0.000	0.184	0.111	0.937	0.586	0.112	0.117	0.442	0.243	0.004	0.000	0.000
	度数	317	317	317	317	317	317	317	317	317	317	317	317	317
SW機能（全体）経験の有無	Pearsonの相関係数	0.114	.327**	0.045	0.108	0.065	-0.006	0.012	0.095	0.066	.250**	.236**	.315**	.332**
	有意確率(両側)	0.115	0.000	0.536	0.138	0.373	0.937	0.866	0.193	0.365	0.000	0.001	0.000	0.000
	度数	191	191	191	191	191	191	191	191	191	191	191	191	191

**、相関係数は1％水準で有意（両側）です。
*、相関係数は5％水準で有意（両側）です。
悉皆調査のソーシャルワーク機能に関する項目のうち、問1～問8をミクロ、問9～問11をメゾ、問12～問14をマクロとした。全体とは問1～問14までを指す。
　：相関性0.4以上
　：相関性0.2～0.4

資料：公益社団法人日本社会福祉士会「ソーシャルワーク専門職である社会福祉士のソーシャルワーク機能の実態把握と課題分析に関する調査研究事業報告書」2019年

シャルワーク機能を発揮する促進要因と相関性をもつことがみられることを付記する。

また、本節および他章で用いる「地域住民とのかかわり」は、これと同義である。

iv　ソーシャルワーク機能を促進する要因

ソーシャルワーク機能を促進する要因としては、知識・技術の面では、職能団体との相関性がみられることから職能団体の開催する研修会が有効であると考えられる。

また、それぞれの就労先等においてソーシャルワーク機能を発揮するうえでは、ソーシャルワーク専門職としての「自律性」が重要であり、社会福祉士が裁量権をもってソーシャルワーク実践を展開することが重要である。今回の標本調査の結果からは、ソーシャルワーク機能の発揮と職場環境との関係において相関性はみられなかった。

これは、ソーシャルワーク機能を発揮することが職場環境に限定されるわけではないことが要因として考えられる。そのなかで、革新性の高い職場環境においては、メゾレベルのソーシャルワーク機能を発揮する機会との関係において相関性がみられることは特筆すべき点であるといえよう。

フォーカス・グループ・インタビュー調査では、促進要因として、「業務として機能を果たせる機会がある」ことがあげられていることからも「機会」の有無は大きな要因となっている。さらには、メゾ・マクロレベルのソーシャルワーク実践につながることを意識したソーシャルワーク専門職としての知識・技術等の養成と資格取得後の研修の重要性があげられていた。

また、フォーカス・グループ・インタビュー調査で「人脈」「センス」「感性」「調整力（根回し）」「ネットワーク（協力者）」「他機関や他機種と情報や問題意識を共有できる機会がある」「共に取り組むチームが存在する」「関係者・関係機関と支援する方針（意思疎通、足並みがそろう）の合議が図られている」「関係者と顔が見える関係にある」があげられており、職場環境内外における「ネットワーク」の構築に向けた取組みや「地域住民とのかかわり」がソーシャルワーク機能を発揮する要因となっていることが明らかとなった。日頃からのネットワーク構築に向けた取組みやかかわりが重要であるといえる。その基盤に「ソーシャルワークの価値・倫理」があり、これもまた重要な要因であることがわかった。

v　ソーシャルワーク機能を阻害する要因

ソーシャルワーク機能を阻害する要因としては、フォーカス・グループ・インタビュー調査において、知識・技術の観点からは、「ケースワークに偏ったソーシャルワーカー教育」があげられており、メゾ・マクロレベルのソーシャルワーク機能の知識・技術の習得については、養成課程のさらなる充実や社会福祉士資格取得後の研修等の重要性が指摘されて

いた。実践環境の観点からは、「裁量権が与えられていない」「所属組織の上司の理解がない」などがあげられており、ソーシャルワークおよび社会福祉士の役割等に関する理解の促進が指摘されていた。さらには、「国の制度・施策ごとに協議体などの設置が義務づけられているため、構成メンバーがほぼ同じであることなどから違いがみえにくく、会議などが形骸化している」「合併など国の施策の影響を受け、地域の組織間などでの課題や危機感を共有できない」「連携先に異動が多く、継続的な関係がつくれない」「社会資源が不足している」など実践環境の整備の必要性も指摘されていた。

第4節 本書の出版の出発点とその経過

本書は、「マクロソーシャルワーク」をどのように定義するかの議論の過程そのものといっても過言ではない。前3節で述べたとおり、本書の出発点となったのは、2018年実態調査である。この調査の開始時点においては、第1節で述べたようにソーシャルワーク専門職に求められる役割が変化するなかで、実態を把握して課題を分析するために必要な質問紙作成に多くの議論を積み重ねた。

その実態調査の結果を分析する過程において、マクロレベルのソーシャルワーク機能を発揮する機会が限られていること、その機能を発揮するための知識・技術が不足している実態を目の当たりにした。第2節でも述べたように社会福祉士の養成課程の見直しが行われるなかで、ミクロ・メゾ・マクロレベルの連続するソーシャルワーク実践が求められているが、実際には連続体としての視点が希薄であることもうかがえた。

また、今日的に「マクロソーシャルワーク」のとらえ方が、さまざまであることもわかった。例えば、ソーシャルワーク専門職が所属する組織外の地域を範囲とするソーシャルワーク実践をマクロソーシャルワークととらえている事例、市町村（行政）に対するはたらきかけをマクロソーシャルワークととらえている事例、国に対するはたらきかけをマクロソーシャルワークととらえている事例が混在しており、結果として、これらすべてがマクロソーシャルワークととらえられるのかなど、2018年実態調査の調査作業チームであった本編集委員会は、未分化の状態を整理する必要性を痛感した。

そして、「マクロソーシャルワーク」を学ぶための機会とその標準テキストの必要性から、2019（令和元）年度に中央法規出版へ本書の企画を提案し、半年以上にわたって発行に向け

た議論を重ねた。さまざまな制約と課題があるなかで本書の発行にあたって、最大の理解者である中央法規出版に感謝したい。

　本書は、単に書籍として発行することだけが目的ではない。読者が本書を読んで理解することにとどめるのではなく、実際に本書を用いた学びの機会も必要であるとの認識から研修会の企画も行ってきた。それは、マクロレベルのソーシャルワーク機能を発揮する機会が限られている現状と課題への対応が必要と考えたからである。

　本書の編集と並行して、2020（令和2）年度には試行的にマクロソーシャルワーク研修会を実施し、参加者に対して本書の一部を用いて講義と演習を行うことで、本書と研修会の効果を把握することができた。

　本書の出発点は2018（平成30）年度であり、本書を発行する2021（令和3）年度までに行った2018年実態調査の成果とマクロソーシャルワーク研修会で得られた参加者の知見や経験に加え、約3年間に及ぶ議論の積み重ねによって本書は完成した。

　マクロソーシャルワークの定義の詳細については、第2章において示しているが、発行に至る直前まで、その用語を吟味しながら実践に照らし合わせて検討に検討を重ねたところである。

　マクロレベルに焦点をおいたときのソーシャルワークを必要とする人々の範囲、実際にソーシャルワーク専門職がはたらきかける地理的な範囲、併せてそれらの影響の範囲などをはじめ、その前提となる価値・倫理の重要性やソーシャルワーク機能などについて、何度も議論を重ねた到達点であり、通過点である。

第5節　本書の意義と活用方法について

　これまで述べてきたように、今日的にソーシャルワーク専門職として期待されている実践能力として、「社会資源を開発できる実践能力」等があげられる。

　この「社会資源を開発」するためのソーシャルワーク機能としては、代弁・社会変革機能、組織化機能、調査・計画機能等のマクロレベルのソーシャルワーク機能を発揮することが求められている。しかしながら、2018年実態調査では、このマクロソーシャルワーク実践の展開において、実践の機会が限られ、かつ、知識・技術等において十分ではないことが明らかになっており、現場で実践しているソーシャルワーク専門職においては、こうした現状と

表6 マクロレベルのソーシャルワークに関する教育内容

科目名	教育に含むべき事項	想定される教育内容の例
5 社会福祉調査の基礎（30）	⑥ソーシャルワークにおける評価	・ミクロ・メゾ・マクロレベルにおける実践の評価
7 ソーシャルワークの基盤と専門職（専門）（30）	②ミクロ・メゾ・マクロレベルにおけるソーシャルワーク	・ミクロ・メゾ・マクロレベルの意味 ・ミクロ・メゾ・マクロレベルの対象 ・ミクロ・メゾ・マクロレベルへの介入 ・ミクロ・メゾ・マクロレベルの連関性 ・ミクロ・メゾ・マクロレベルの支援の実際
8 ソーシャルワークの理論と方法（60）	①人と環境との交互作用に関する理論とミクロ・メゾ・マクロレベルにおけるソーシャルワーク	
	③ネットワークの形成	・重層的な範囲（ミクロ・メゾ・マクロ）におけるネットワーキング

資料：厚生労働省「社会福祉士養成課程のカリキュラム」をもとに筆者作成

課題を踏まえ、更なる実践能力の向上が求められるところである。

　また、2021（令和3）年度からはじまっている新しい社会福祉士の養成課程において、マクロソーシャルワークに関する教育内容としては、**表6**のとおりとなっている。ただし、養成課程修了後に「社会資源を開発できる実践能力」を習得するには、十分であるとはいえない。

　本書は、こうしたソーシャルワーク専門職と学生を主な対象としたマクロソーシャルワークの実践能力の向上に向けた専門書であり、テキストである。また、本書で、日本におけるマクロソーシャルワークの射程を明らかにすることによって、マクロソーシャルワークの実践を促進し、ミクロ・メゾ・マクロレベルの連続としてのソーシャルワーク実践を推進するものである。

　また、こうした理念や考え方を広げ、すべてのソーシャルワーク専門職を対象として、本書を用いた研修会を展開するとともに、各養成校においては、副読本としての活用を促進す

ることで、ソーシャルワーク専門職の実践力の向上に資するものと考えている。

　本書では、4章構成とした。

　第1章では、マクロレベルのソーシャルワーク機能を発揮するうえで、促進要因として考えられるソーシャルワークの価値・倫理について、「ソーシャルワーク専門職のグローバル定義（Global Definition of the Social Work Profession）（以下、グローバル定義）」やこれを踏まえて改訂された「倫理綱領」等を用いて、丁寧に解説しながら、マクロソーシャルワークの必要性を論述する。

　第2章では、アメリカや日本のテキスト等で扱われている定義等を参考にしながら整理したうえで、マクロソーシャルワークの射程を整理し、本書における定義を明らかにするとともに、求められる知識・技術について論述する。

　第3章では、三つのソーシャルワーク実践事例を用いて、マクロソーシャルワークの展開を解説し、実際にマクロソーシャルワークを展開するうえでのヒントとなるよう丁寧に解説する。

　さらに、第4章では、今求められるソーシャルワーク機能に焦点をおき、三つのソーシャルワーク実践事例について、ソーシャルワーク機能を発揮するために必要な観点から論述する。

　本書は、以下の3点を端緒としている。
① 　日本におけるマクロソーシャルワークの射程が不明確であり、その解釈もさまざまであることから、その射程が人によって異なる場合があること
② 　ソーシャルワークの根拠は、ソーシャルワークの中核をなす原理を体現していることであるが、その原理を実現しようとすると、グローバル定義で強調されたマクロレベルの任務が重要になること
③ 　2018年実態調査でも明らかになったように、マクロレベルのソーシャルワーク機能を発揮する機会が限られ、かつ、そのために必要となる知識・技術を有している者が少ないこと
　また、本書は、前述のとおり、ミクロ・メゾ・マクロレベルのソーシャルワークの連続によるソーシャルワーク実践の展開を前提としており、マクロソーシャルワークだけを実践するよう、求めるものでもない。

　本書は、ソーシャルワークを実践するすべての実践者にとって、また、これからソーシャルワーク実践をしようとする学生にとっても必読の1冊となるよう、前節で述べたように、

2018 年実態調査の段階から、「マクロソーシャルワークとは何か」について編集委員を中心に議論を積み重ねてきた。

　本書に導かれつつ、マクロソーシャルワーク実践を試みようとしたり、マクロソーシャルワークの必要性や実践の展開を理解したりと、マクロソーシャルワーク実践を展開するうえで参考になることを期待してやまない。本書を一里塚として、今後、日本におけるマクロソーシャルワークの展開と発展を期待したい。

　　追悼の辞

　本章の結びに、本書の編集委員であった石川久展先生が 2020（令和 2）年 6 月に急逝された。本書は、その卓越した知見を継承したものである。感謝の念をもって石川先生に本書を捧げる。

第 **1** 章

マクロソーシャルワークの基盤となる価値と倫理

マクロソーシャルワークの基盤としての価値

マクロソーシャルワークを取り上げる意味

　本書の「マクロソーシャルワーク」というタイトルを見て、ソーシャルワーク専門職として何か新しいもの、今まで学んでこなかったものを学ぼうとしていると感じる人もいるかもしれない。「コミュニティソーシャルワーク」でもなく、「クリニカルソーシャルワーク」でもなく、また、「スクールソーシャルワーク」でも「グリーンソーシャルワーク」でもない。あなたはこの「マクロソーシャルワーク」にどのような期待を感じて本書を手に取り、何を学ぼうとしたのだろうか。「○○ソーシャルワーク」に期待する新しい何かを「マクロソーシャルワーク」にも求めていたかもしれない。しかし、本書は新しい何かを生み出そうとするものではない。なぜなら、ミクロ・メゾ・マクロレベルの実践は一体であって切り離すことはできず、マクロレベルの実践はジェネラリストとしてのソーシャルワークの実践の一部だからである。その意味で、マクロレベルの実践は決して新しいものではない。確かに、それぞれの実践の場によってミクロ・メゾ・マクロのどのレベルを主な対象にするかには違いがあるだろう。しかし、その実践の場がどのレベルを主な対象としていても、ミクロ・メゾ・マクロレベルを一体としてとらえる見方には違いはない。

　このことから考えると、本書で「マクロ」だけ切り離して検討することは適切ではないかもしれない。それでも、ここで改めて「マクロソーシャルワーク」を論じなければならないのはなぜだろうか。それは、日本のソーシャルワークの実践の状況に目を向けると、ソーシャルワーク専門職がマクロレベルの実践に取り組む機会が限られている現状が明らかになったからである。

・ミクロ・メゾ・マクロレベルの概念

　ミクロ・メゾ・マクロの各レベルの間に明確な合意の得られた境界線を引くことは難しいが、一つの例として 図1-1 を参考に考えてみたい。 図1-1 によれば、ミクロレベルに個人の内的（生物的・心理的・社会的）な状況を表す概念が並んでおり、メゾレベルには家族・仕事・同僚から、一定の地理的な範囲を表す町内会・自治会、地域拠点（学校や公民館など）、地域経済と地域資源等が、マクロレベルには政治や経済、差別・抑圧等が位置づけられていることがわかる。メゾレベルには、人が直接的に関係している環境的な要素が落としこまれ

図1-1 ミクロ・メゾ・マクロレベルの概念

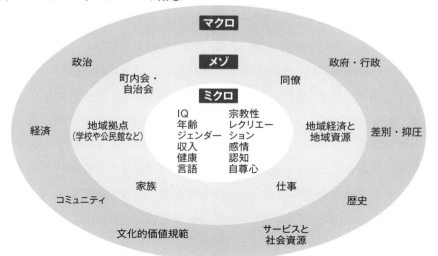

出典：Rogers, A. T. *Human Behavior in the Social Environment fifth edition, Perspectives on Development and the Life Course,* Routledge, p.82, 2019.を筆者訳・一部改変

ている。

　本書制作のきっかけとなった2018年実態調査の結果では、このミクロ・メゾレベルに焦点をあてた実践は比較的行われているものの、マクロレベルに位置づけられている政治、経済、コミュニティ、文化的価値規範、政府・行政、差別・抑圧などに焦点をあてた実践の機会は少なかった。これには日本ではソーシャルワークの実践が政策的に「個別支援から地域支援」の実践に取り組むことを強調されることが多いことが影響していたかもしれない。

　この現状は、日本においてマクロレベルの実践が必要とされていないということを示していない。私たちがソーシャルワーク専門職としての使命を果たそうとしたときに、マクロレベルの実践を切り離して考えることはできない理由を考えていきたい。

グローバル定義と倫理綱領

　私たちがソーシャルワーク専門職として、マクロレベルの実践を切り離して考えることができない理由を理解するためには、ソーシャルワーク専門職とは何かを示した「ソーシャルワーク（専門職）のグローバル定義（Global Definition of the Social Work Profession）」（以下、グローバル定義）、そして、ソーシャルワーク専門職が基盤とする価値と倫理は何かを示した「ソーシャルワーカーの倫理綱領」（以下、倫理綱領）を根拠に考える必要がある。

　2000年7月にモントリオールにおいて、国際ソーシャルワーカー連盟（International Federation of Social Workers：IFSW）の総会で採択された「ソーシャルワークの定義（Definition of Social Work）」（以下、旧定義）の次に、その改訂案として2014年7月にグロー

バル定義が示され、採択された。ソーシャルワーク専門職とは何かを定義することにおいて、旧定義からの変更点として重要なのが、マクロレベルの実践の強調である。

ソーシャルワーク専門職の実践の根拠・基盤の一つであるグローバル定義は、ソーシャルワーク専門職の行動を動機づけるものである。言い換えれば、定義に基づいていない実践、定義に根拠がない実践、定義に動機づけられていない実践は、「ソーシャルワークではない何か」の実践である。これは、ミクロ・メゾ・マクロのどのレベルの実践においても、共通する理解として認識されるべきである。そして、ソーシャルワーク専門職は自らの実践がソーシャルワークであることを、言語化して説明できなければならない。

次に、ソーシャルワーク専門職がよって立つものとして、倫理綱領がある。グローバル定義の採択を受けて、わが国では日本ソーシャルワーカー連盟で見直しが議論され、2020（令和2）年6月30日に改訂案が採択された。前文には「『ソーシャルワーク専門職のグローバル定義』（2014年7月）をソーシャルワーク実践の基盤となるものとして認識し、その実践の拠り所とする」と明記され、社会に対する倫理責任が明記されている。このことをはじめ、前文・原理・倫理基準にマクロレベルでのはたらきかけの必要性が強調されている。

ソーシャルワーク専門職が取り組む社会変革

マクロレベルでの変化、社会変革に向けてはたらきかけているのはソーシャルワーク専門職だけではない。社会変革とは、木下の整理によれば、①法律をつくる・変える、②状況（状態）を変える、③慣習を変える、④人々の意識を変える[1]、の4点にまとめられている。さまざまな専門職、組織、機関や市民が、それぞれのよって立つ思想や立場、考え方に基づいて声を上げ、社会を変えるために行動している。

私たちがソーシャルワーク専門職として、社会変革に向けてはたらきかける場合、価値と倫理に根拠があるはたらきかけであることが説明できることが求められる。ソーシャルワーク専門職がどの職種や職名、立場で社会変革を目指した実践に取り組んでいたとしても同じである。

そこで、本章は、第2節でグローバル定義を中心に、第3節では倫理綱領を中心に、ソーシャルワーク専門職がマクロレベルでの実践に取り組む根拠を確認する。なお、グローバル定義を受けて倫理綱領が改訂されているという関係からわかるように、両者にはかなり重複点があることを断っておきたい。

第2節 ソーシャルワーク専門職のグローバル定義

　本節では、ソーシャルワーク専門職がマクロソーシャルワークを日常のソーシャルワーク実践から切り離すことができないことをグローバル定義から理解する。同時に、これはそもそも何を根拠に自らをソーシャルワーク専門職と呼ぶのか、という専門職としての存在意義と固有性にかかわる重要な問題でもある。

マクロレベルの実践の強調

　グローバル定義では、はじめに「ソーシャルワークは、社会変革と社会開発、社会的結束、および人々のエンパワメントと解放を促進する、実践に基づいた専門職であり学問である」と述べられている。ここにマクロレベルでの変化を促すソーシャルワーク専門職の実践が特に強調されている点が、グローバル定義の特徴の一つである。

　「社会の変革」は、旧定義にも記述があり、「社会の変革を進め人間関係における問題解決を図り、人びとのエンパワーメントと解放を促していく」と表現されていた。これに対して、グローバル定義では「社会変革と社会開発、社会的結束、および人々のエンパワメントと解放」と表現されている。旧定義の「人間関係における問題解決」は削除され、マクロレベルの実践が、より一層強調された記述になっている。

　グローバル定義の注釈には、「社会変革の任務は、個人・家族・小集団・共同体・社会のどのレベルであれ、現状が変革や開発を必要とするとみなされる時、ソーシャルワークが介入することを前提としている。それは、周縁化・社会的排除・抑圧の原因となる構造的条件に挑戦し変革する必要によって突き動かされる」と記述されている。この記述は、どのレベルであっても、構造的条件があることによって、社会的不正義や困難が発生している可能性を検討し、行動することを示している。構造的条件とは、それぞれのレベルで一定の範囲の資源の配分や意思決定に影響力をもっている法律や制度、その他のルールや権力の保有状況等のことである。前述した社会変革に関する木下の整理は、言い換えれば、何がこの構造的条件にあたるのかの例を整理したともいえる。グローバル定義によるマクロレベルの実践の強調は、構造的条件の変革に向けたソーシャルワーク専門職によるはたらきかけを、一層強く動機づけるものといえる。

　また、グローバル定義に示されたマクロレベルの実践は、ソーシャルワーク専門職が主に

どのレベルでの実践に取り組んでいるかにかかわらず、社会変革の任務と切り離せないソーシャルワークの介入のあり方を改めて示している。このように、グローバル定義でマクロレベルの実践が強調された背景について片岡は、「マクロレベル、政治の重視は、マクロレベルを重視せざるを得ない発展途上国の社会状況およびソーシャルワーク実践の実態を反映していると考えられる」[2]と述べている。

西洋中心主義への批判と脱植民地主義

　発展途上国の国々からは、グローバル定義採択の過程で西洋中心主義が反映された旧定義に対する強い批判が示された。その結果、グローバル定義の注釈の「知（Knowledge）」には次のように記述された。

表1-1 グローバル定義（注釈）における西洋中心主義への批判

> 　この定義は、ソーシャルワークは特定の実践環境や西洋の諸理論だけでなく、先住民を含めた地域・民族固有の知にも拠っていることを認識している。植民地主義の結果、西洋の理論や知識のみが評価され、地域・民族固有の知は、西洋の理論や知識によって過小評価され、軽視され、支配された。この定義は、世界のどの地域・国・区域の先住民たちも、その独自の価値観および知を作り出し、それらを伝達する様式によって、科学に対して計り知れない貢献をしてきたことを認めるとともに、そうすることによって西洋の支配の過程を止め、反転させようとする。ソーシャルワークは、世界中の先住民たちの声に耳を傾け学ぶことによって、西洋の歴史的な科学的植民地主義と覇権を是正しようとする。こうして、ソーシャルワークの知は、先住民の人々と共同で作り出され、ローカルにも国際的にも、より適切に実践されることになるだろう。

　地球規模の視点からみれば、先進国と発展途上国の間の解消されない格差がますます拡大し、気候変動等が人々の生活に与える直接的な影響の大きさに対する強い危機感が示されることは当然ともいえる。その危機感が「西洋の支配の過程を止め、反転させようとする」とまで、注釈に書き込ませたともいえるだろう。そして、これまでソーシャルワークにおいて過小評価・軽視されてきたあらゆる地域・国・区域の先住民たち独自の価値観および知の評価と影響力を高めることによって、西洋の理論や知識が意思決定に重視され、影響力をもっているソーシャルワークの現状を変化させようとしている。

　このパラダイムの転換を目指す動きこそが、ソーシャルワークにおける西洋中心主義を批判し、脱植民地化（decolonization）を成し遂げようとする過程である。この脱植民地化という構造の変化を成し遂げることをグローバル定義の注釈に書き込むことが、人々の意識や

考え方の変革を促そうとするマクロレベルでの実践そのものともいえる。

グローバリゼーション

　木村は、グローバル定義の採択に強い影響を及ぼした要因としてグローバリゼーションをあげている[3]。グローバリゼーションは、地球規模での人々の活発な往来やテクノロジーの発展による社会的・経済的な関係性の世界的な強まり、世界のどこかで起きた出来事が国境を越えて地球規模に影響を与えることを指す。そして、社会・経済・環境に影響があり、特に弱い立場にある人々や国々からの搾取や気候変動への影響などで負の影響をもたらす。その結果、例えば、グローバリゼーションの負の影響と密接に関連をもつソーシャルワークの分野として、移住者、政治的難民、経済、飢餓、戦争、テロリズム、自然災害などを経験してトラウマを抱える人々への支援、もしくは、国際政策立案や計画組織にかかわる仕事に従事する場合も想定される[4]。

　木村は、旧定義の採択においては十分に議論されなかったグローバリゼーションがもたらす経済・社会、そして環境への影響と社会問題にかかわるソーシャルワークによる介入を求める声が、欧米以外の IFSW（国際ソーシャルワーカー連盟）および IASSW（International Association of Schools of Social Work：国際ソーシャルワーク学校連盟）加盟国を中心に拡大していったこと、特にラテンアメリカ地域の組織的行動やアフリカの人々の小さなグループ討議の場での声が定義改訂の過程で取り上げられたことが、グローバル定義の採択に強い影響を及ぼしたと述べている[3]。

　グローバリゼーションによる国や地域との間の関係性および地球規模の影響を考えたときに、西洋中心主義による個の重視に対するアンチテーゼとしての集団の重視が、グローバル定義に位置づけられたものと考えられる。これに関連して、集団的責任については後述することとする。

多様性の尊重

•「多様性の尊重」の原理

　次に、多様性の尊重の原理の視点から、マクロレベルでの社会変革がグローバル定義において強調された理由を考えてみたい。「多様性」は、グローバル定義において、社会正義、人権、集団的責任と並ぶソーシャルワークの中核をなす原理の一つに位置づけられた。「多様な人々」は、「人種・階級・言語・宗教・ジェンダー・障がい・文化・性的指向」などについて、それぞれ自分自身を示す特徴を有する。これらの特徴が、特に少数派であるというシンボルとして認識されると、そのシンボルとして認識された特徴と歴史的・社会経済的・

文化的・空間的・政治的・個人的要素が、相互に関係しあうことによって構造的な差別が生み出される。例えば、ある人の「人種」が少数派であるというシンボルとして認識されると、歴史的・政治的な要素との関係から構造的な障壁が生み出され、多数派の「人種」によって少数派の「人種」に対する偏見による差別が生み出される。この構造的障壁によって、特定の「人種」が不平等・差別・搾取・抑圧・排除の対象として固定化され、少数派の人々は生きづらさを抱えたり、厳しい生活を余儀なくされたりするなどの状況に追いやられる。つまり、少数派にカテゴライズされるという理由で、人としてよりよく生きていくために必要な資源が得られなくなり、生活上の困難が発生する。

・抑圧を生む構造への気づき

　三島は、「現代社会にいたっても多様な人々が社会的に排除され不利な立場に置かれやすい現実がある。そこでソーシャルワーク専門職が多様な「人々のエンパワメントと解放をめざす実践」をするためには、まず、構造的・個人的障壁の問題に取り組む行動戦略を立て、抑圧を生む構造を批判的に考察できる素養を身につけることが求められる」[5]と述べている。この指摘は、多様性を尊重し、抑圧を生む構造を変化させるマクロレベルの実践に向けて、ソーシャルワーク専門職が人々を取り巻く構造に対してクリティカルであることと、マクロレベルの問題に取り組むための行動戦略を立てる力を高めることの必要性を示しているととらえられる。ソーシャルワーク専門職が実践においてクリティカルであることは、グローバル定義の「アジア太平洋地域における展開」にも示されており、「実践を科学的・合理的見地から吟味し、また検証を加え、常に最良の実践を目指すことを意味する」と説明されている。

　多様性の尊重においてソーシャルワーク専門職に求められる態度は、「抑圧を生む構造を批判的に考察できる素養」としてカルチュラル・コンピテンシー（Cultural Competency）、カルチュラル・ヒューミリティ（Cultural Humility）を意識することが求められる。カルチュラル・コンピテンシーとは、多文化に関する知識に基づいて、それぞれの文化を尊重して対応する力を示す知識ベースの考え方である。カルチュラル・ヒューミリティとは、それぞれの人や集団がもつ文化を学ぶ学習者の立場をとり続けることによって、尊重しようとする学習ベースの考え方である。これらに基づいて抑圧を生む構造に気づくことが、マクロレベルでのソーシャルワーク実践の必要性を認識することにつながる。

環境の持続可能性

　木村は、グローバル定義に表れた特徴の一つとして、環境の持続可能性に対してソーシャルワークの介入の重要性が主張されていることをあげている[3]。グローバル定義において

ソーシャルワークの大原則のなかに「危害を加えないこと」という表現が用いられたことに対して、環境の破壊や災害を助長する行為はグローバル定義の理念に反していることが示唆されたとしている。

これに関連してドミネリは、グリーンソーシャルワークを提唱している[6]。そのなかで、「ソーシャルワークのホリスティック（全体的）なモデルとは、世界の人々、植物や動物たちとの間にある相互依存性や連帯性に根ざしたものである。物質的資源を持続可能な方法で平等に活用し、すべての人と地球のウェルビーイングを保持し、高めるような、持続可能なライフスタイルを可能にするものであり、グリーンソーシャルワークと名づけた」と述べている。

人と環境がどちらもよりよく保持されるためには、権力をもつ誰か、または、どこかの国のためだけに資源を大量に消費するのではなく、相互依存性や連帯性に基づいて、誰もが平等に活用し得るようソーシャルワーク専門職が介入することで、グローバルに持続可能なライフスタイルを実現しようとするものと理解できる。

これは、時代を超えた平等を志向する考え方でもある。現在の人の暮らしをよくするために資源を乱用し、破壊すれば、その壊された自然環境は将来暮らす人々の生活に大きな影響を与えるだろう。ソーシャルワーク専門職には、今を生きるすべての人や国への平等な資源の配分に介入すると同時に、将来を生きる人の生活を取り巻く自然環境を守るために資源を保持し、持続可能なライフスタイルを実現する介入が求められている。

人と環境の関係における集団的責任

グローバル定義では、ソーシャルワークの原理として集団的責任が加えられた。注釈には、次のように説明されている。

表1-2 グローバル定義における集団的責任

> 集団的責任という考えは、一つには、人々がお互い同士、そして環境に対して責任をもつ限りにおいて、はじめて個人の権利が日常レベルで実現されるという現実、もう一つには、共同体の中で互恵的な関係を確立することの重要性を強調する。したがって、ソーシャルワークの主な焦点は、あらゆるレベルにおいて人々の権利を主張すること、および、人々が互いのウェルビーイングに責任をもち、人と人の間、そして人々と環境の間の相互依存を認識し尊重するように促すことにある。

そして、ソーシャルワーク専門職は、人権と集団的責任の共存が必要であることを認識する存在である。片岡は、集団的責任という概念は、西洋の個人主義、それに基づく個人の権

利主張に対する批判的立場から、個人主義に相対化する概念として出てきていることは間違いないとしつつ、集団の論理が強調されすぎて個人の権利が不当に抑制されることにつながらないか危惧しているとも述べている[2]。

　ではここで、人々が「人と人」そして「環境」に対して責任をもつ限りにおいてはじめて個人の権利が日常レベルで実現されるというグローバル定義の記述をいかに読むべきだろうか。集団的責任について、次節で扱う倫理綱領のなかで「ソーシャルワーカーは、集団の有する力と責任を認識し、人と環境の双方に働きかけて、互恵的な社会の実現に貢献する」と説明されている。また、バンクスは、「抵抗への集団的責任」の説明のなかで、「ソーシャルワーカーは優れた公正な実践を行い、不当で不公正な実践や施策に抵抗するよう責任を取るべきで、社会問題の原因や解決の責任を個人、家族、共同体に転化することに積極的に抵抗すべきである」と述べている[7]。そして、その責任は、すべての市民が共有すべきものであり、行動に対する責任も、個人にあるのと同様に集団にもあると説明している。

■ 責任を共有する関係性

　これらから読み解いた集団的責任を **図1-2** に示した。はじめに、共同体のなかには、共同体と互恵的で相互依存的な関係にある個人がいる。個人を含む共同体から環境に向かう時計回りの矢印は、すべての個人、家族、共同体が責任を共有しあうことで日常レベルでの個人の権利が実現できる環境をつくることができるという見方を表している。この見方は、集団の力と責任を認識しつつ、個人と集団の人権やウェルビーイングに危機をもたらす問題を特定の誰かの責任にするのではなく、また、一部の人々や共同体の連帯責任にすることでもない。

　同時に、すべての個人、家族、共同体が責任を共有しあうという意味の「責任の共有」という矢印を受けて、環境から個人と共同体に向かう時計回りの矢印は、環境が個人や共同体に対して「ウェルビーイングを保障」する関係にあることを表している。つまり、すべての個人や共同体が責任を共有しあうことと、環境がウェルビーイングを保障することは、相互依存の関係にあるという認識を表している。

　ソーシャルワーク専門職は、「人々が互いのウェルビーイングに責任をもち、人と人の間、そして人々と環境の間の相互依存を認識し尊重するように促す」ことが求められる。そこで、集団的責任の原理において生じるソーシャルワーク専門職の責任は個人・共同体と環境の双方にはたらきかけることであり、**図1-2** の中央に配置したソーシャルワーク専門職から上下に向かっている矢印でそれぞれ表している。環境に対しては不当で不公正な政策や施策に抵抗することであり、個人・共同体に対してはすべての個人・家族・共同体によって責任が共

図1-2 集団的責任

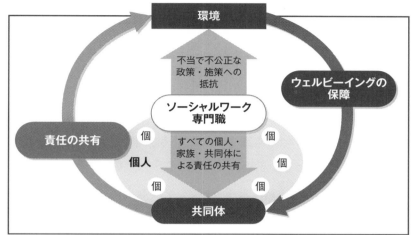

資料：筆者作成

有されるようにはたらきかけることである。

　ここでは、ソーシャルワークにおけるマクロレベルの実践の根拠として集団的責任の原理をあげたが、片岡が指摘しているように、ソーシャルワークの原理の一つとして定義に位置づけられるには十分な説明がなく、議論も十分とはいえないため、今後、国際的に議論を深めていく必要があるだろう。

第3節 ソーシャルワークの原理とソーシャルワーク専門職の倫理綱領

　はじめに、ソーシャルワーク専門職は、この倫理綱領を遵守することに誓約することで、専門職として認められる。ソーシャルワーク専門職として、倫理綱領に基づいた判断と行動が求められている。そして、マクロレベルでの実践をソーシャルワークとして説明する際の根拠として、この倫理綱領を基盤とした実践であることがまず説明される必要がある。

　2014年のグローバル定義の採択を受けて見直し、改訂・採択された日本の倫理綱領の前文では、グローバル定義をより所にすることに関する記述に先立ち、「われわれソーシャルワーカーは、すべての人が人間としての尊厳を有し、価値ある存在であり、平等であることを深く認識する。われわれは平和を擁護し、社会正義、人権、集団的責任、多様性尊重および全人的存在の原理に則り、人々がつながりを実感できる社会への変革と社会的包摂の実現

をめざす専門職」であることを宣言している。

そして、原理としてあげられている「人間の尊厳」「人権」「社会正義」「集団的責任」「多様性の尊重」「全人的存在」について、それぞれ次のように説明している（表1-3）。

そして、倫理基準においては、社会に対する責任が表1-4のとおりに示されている。

このように、前文から原理、倫理基準の全体にわたってソーシャルワーク専門職がマクロレベルでの社会変革を志向することが、述べられていることがわかる。ここでは、ソーシャルワーク専門職のマクロレベルでの実践を根拠づける原理として、「Ⅲ　社会に対する倫理責任」で強調されている人権と社会正義について取り上げていきたい。

表1-3 ソーシャルワーカーの倫理綱領における原理

> Ⅰ（人間の尊厳）　ソーシャルワーカーは、すべての人々を、出自、人種、民族、国籍、性別、性自認、性的指向、年齢、身体的精神的状況、宗教的文化的背景、社会的地位、経済状況などの違いにかかわらず、かけがえのない存在として尊重する。
> Ⅱ（人権）　ソーシャルワーカーは、すべての人々を生まれながらにして侵すことのできない権利を有する存在であることを認識し、いかなる理由によってもその権利の抑圧・侵害・略奪を容認しない。
> Ⅲ（社会正義）　ソーシャルワーカーは、差別、貧困、抑圧、排除、無関心、暴力、環境破壊などの無い、自由、平等、共生に基づく<u>社会正義の実現をめざす</u>。
> Ⅳ（集団的責任）　ソーシャルワーカーは、集団の有する力と責任を認識し、<u>人と環境の双方に働きかけて</u>、互恵的な社会の実現に貢献する。
> Ⅴ（多様性の尊重）　ソーシャルワーカーは、個人、家族、集団、地域社会に存在する<u>多様性を認識し、それらを尊重する社会の実現をめざす</u>。
> Ⅵ（全人的存在）　ソーシャルワーカーは、すべての人々を生物的、心理的、社会的、文化的、スピリチュアルな側面からなる全人的な存在として認識する。

※下線は筆者による

表1-4 ソーシャルワーカーの倫理綱領（抜粋）

> Ⅲ　社会に対する倫理責任
> １．（ソーシャル・インクルージョン）　ソーシャルワーカーは、あらゆる差別、貧困、抑圧、排除、無関心、暴力、環境破壊などに立ち向かい、<u>包摂的な社会をめざす</u>。
> ２．（社会への働きかけ）　ソーシャルワーカーは、<u>人権と社会正義の増進</u>において変革と開発が必要であるとみなすとき、人々の主体性を活かしながら、<u>社会に働きかける</u>。
> ３．（グローバル社会への働きかけ）　ソーシャルワーカーは、<u>人権と社会正義</u>に関する課題を解決するため、全世界のソーシャルワーカーと連帯し、<u>グローバル社会に働きかける</u>。

※下線は筆者による

人権

　人権について、グローバル定義の注釈には、第一・第二・第三世代の権利を尊重するとし、第一世代では言論や良心の自由、拷問や恣意的拘束からの自由などといった市民的・政治的権利、第二世代の権利では合理的なレベルの教育・保健医療・住居・少数言語の権利などといった社会経済的・文化的権利、第三世代の権利では自然界、生物多様性や世代間平等の権利などを指すと述べられている。ここでは、それぞれの世代の権利について説明は避けるが、日本ではこれらの権利が十分に保障された状態にあるとみなしてしまうと、これらの権利が侵害された状態を見逃してしまう。

　日本においても、権力による人々への暴力的なかかわりや拘束など、恣意的拘束によって自由が侵害されている状況、人が命を落としている状況を、報道等を通して目の当たりにしている。また、言葉の問題や病気やけがによって合理的なレベルの教育を受ける権利が侵害されていること、自然が破壊されて生物多様性が危機に陥っている状況を知っている。

　個人や集団等において第一・第二・第三世代に示されている権利が侵害されている状況と、その権利侵害を発生させる構造的な条件を交互作用理論に基づくクリティカルな視点で見抜き、その権利を擁護していくことがソーシャルワーク専門職に求められている。このとき、ソーシャルワーク専門職が所属機関の業務の根拠としている法律や制度の枠組み、また、所属機関そのものも、人権の視点から、変革に向けてはたらきかけるターゲットになる。そのため、ソーシャルワーク専門職は、人権を守るための法律・制度をつくることと同時に、人権を制限したり、侵害したりするような現在の法律・制度の枠組みとの関係によって何が起きているのかを見抜き、そのアセスメントに基づいて既存の枠組みの見直しを行うためのアクションを起こすことが必要である。

社会正義

● 適切な資源の配分

　次に、社会正義の概念を取り上げたい。ソーシャルワーク専門職にとって社会正義は原理であり、その実現は重要な使命である。表1-3 にあるように、倫理綱領では「ソーシャルワーカーは、差別、貧困、抑圧、排除、無関心、暴力、環境破壊などの無い、自由、平等、共生に基づく<u>社会正義の実現</u>をめざす」とされている（下線は筆者）。「社会的な構造によって不平等・不公正な資源の配分が生み出される状況」を社会的な不正義が発生している状況とすると、社会的な構造の変化をうながし、資源の配分が平等・公正に行われる状態を実現することが社会正義の実現といえる。

倫理綱領で示されている人間の尊厳との関係でみると、「出自、人種、民族、国籍、性別、性自認、性的指向、年齢、身体的精神的状況、宗教的文化的背景、社会的地位、経済状況などの違い」といった多様性が尊重されない社会の構造の下では、資源の配分が不平等・不公正に行われていることを示唆している。そして、その不平等・不公正な資源配分が固定化されることによって、特定の社会的・経済的・政治的に弱い立場にある人たちへの「差別、貧困、抑圧、排除、無関心、暴力、環境破壊など」が生み出され続けている。その社会的な資源配分の不平等・不公正による人や集団のウェルビーイングが阻害される状況に対して変化をうながすことを目指して、ソーシャルワークはミクロ・メゾ・マクロレベルを一体的な対象として示しているといえる。

具体的な例としては、食料やサービスといった資源のほか、教育を受ける機会や昇進する機会等の資源が性別や経済状況、社会的地位を理由に平等・公正に配分されていない状況が、社会の構造によって生み出されていることなどがあげられる。

・社会構造の変革

倫理綱領では、社会に対する倫理責任として、「ソーシャルワーカーは、あらゆる差別、貧困、抑圧、排除、無関心、暴力、環境破壊などに立ち向かい、包摂的な社会をめざす」「ソーシャルワーカーは、人権と社会正義の増進において変革と開発が必要であるとみなすとき、人々の主体性を活かしながら、社会に働きかける」（表1-4）とされており、特にマクロソーシャルワークの実践では、社会の構造を対象として変化を促していくことが重要な使命であることがわかるだろう。ソーシャルワーク専門職は、機会等も含む資源の不平等・不公正な配分を生み出している社会構造の変革に向けて、マクロレベルの実践を視野に入れて、取り組むことが求められる。そのためにソーシャルワーク専門職は、社会全体のなかで抑圧され、弱い状態におかれている人や集団の貧困や失業、差別、暴力といったさまざまな形の問題を変化させるため、人間の尊厳や人権を脅かす問題を生み出しているマクロレベルの社会的・経済的・政治的・文化的な構造に目を向けるという視点をもたなければならない。

・社会正義の実現に求められること

社会全体のなかで抑圧され、弱い状態におかれているということは、少数派として偏見の対象となることや政治的な力をもっていないことなどといった何らかの理由によって、本来得られるべき資源が配分されていない結果でもある。一方、多数派で政治的な力をもつ人やその恩恵を受ける集団は、自らの価値観に基づいて、資源の配分に対しても強い影響力をもちうる。

つまり、社会構造が人や集団への資源の配分を左右し、ある特定の人や集団の生活に必要なお金やサービス、権力（パワー）、機会などが十分に配分されないことによって、その人

や集団の生活に困難が生じる。これを生み出す社会構造が変化しなければ、資源配分の状況を変えることができず、抑圧され、弱い状態におかれている人や集団の生活状況が固定化されてしまう。必要な資源が配分されない状況を生み出している社会的・経済的・政治的・文化的な不平等という構造の変化をうながしていくことによって、ソーシャルワーク専門職は社会正義を促進していく。社会構造の変化による社会正義の実現は、ソーシャルワークの使命であり、目標である。

マクロレベルの実践で実現する人権の尊重と社会正義

ソーシャルワーク専門職の使命である人権の尊重と社会正義の実現は、マクロレベルの実践なしに成し遂げることはできない。これが、ソーシャルワークがミクロレベルの実践とメゾ・マクロレベルの実践を一体のものとして実践すべき大きな理由の一つである。

2018年実態調査の結果にあるように、ミクロ・メゾ・マクロレベルの実践の機会のバランスは極端に偏っている現状がある。その偏りの一つは、ソーシャルワーク専門職一人ひとりの実践の知識や技術、意識がミクロレベルに偏りがちなこと、もう一つは、ソーシャルワーク専門職がミクロレベルを中心に実践に取り組むポジションに配置されがちなことである。

前者に対しては、ソーシャルワーク専門職としてグローバル定義や倫理綱領を再確認すること、ジェネラリストとして核となる知識や技術をアップデートしていくことが求められている。後者に対しては、ミクロからマクロを一体的にとらえるソーシャルワークの意味をより多くの人に理解してもらえるようにはたらきかけること、ソーシャルワーク専門職がマクロレベルでの実践に力を発揮できるような政策的なはたらきかけを意図的に実施していくことが求められている。同時に、現代社会における不平等や社会的な不正義の拡大状況により、多くの人々がソーシャルワーク専門職のミクロからマクロレベルでの実践を求めている。

引用文献

1）木下大生『ソーシャルアクション！　あなたが社会を変えよう！　はじめの一歩を踏み出すための入門書』ミネルヴァ書房，pp.128-211, 2019 年

2）片岡信之「ソーシャルワークのグローバル定義における新概念と翻訳の問題（特集：ソーシャルワークの世界：グローバルアジェンダ，新定義をふまえて）」『ソーシャルワーク研究』第 41 巻第 2 号，pp.146-152, 2015 年

3）木村真理子「グローバリゼーションとソーシャルワーク―ソーシャルワーク専門職：グローバル定義採択と国際ソーシャルワーカー連盟（IFSW）の新たな役割―（特集：ソーシャルワークの世界：グローバルアジェンダ，新定義をふまえて）」『ソーシャルワーク研究』第 41 巻第 2 号，pp.93-103, 2015 年

4）Ife, J. *Human rights, social justice or social inclusion: Evaluating alternative foundations for social work*, Paper presented at the 26th Joint Conference of the Australian Association of Social Workers. International Federation of Social Workers, etc (unpublished). pp. 26-9, September, 1999.

5）三島亜紀子「ソーシャルワークのグローバル定義における多様性（ダイバーシティ）の尊重：日本の社会福祉教育への「隠れたカリキュラム」視点導入の意義」『ソーシャルワーク学会誌』第 30 号，pp.1-12, 2015 年

6）L. ドミネリ，上野谷加代子・所めぐみ監訳『グリーンソーシャルワークとは何か――環境正義と共生社会実現』ミネルヴァ書房，p.245, 2017 年

7）S. バンクス，石倉康次・児島亜紀子・伊藤文人監訳『ソーシャルワークの倫理と価値』法律文化社，p.106, 2016 年

参考文献

・石川久展「わが国におけるミクロ・メゾ・マクロソーシャルワーク　実践の理論的枠組みに関する一考察　ピンカスとミナハンの 4 つのシステムを用いてのミクロ・メゾ・マクロ実践モデルの体系化の試み」『Human Welfare』第 11 巻第 1 号，pp.25-37, 2019 年

第 2 章

マクロソーシャルワークの
射程と理論的枠組み

マクロソーシャルワークの位置づけをめぐる議論

第1節

マクロレベル実践の現状

　ソーシャルワーク専門職は、社会的な価値観の多様化や生活様式の多様化、経済的格差の拡大、グローバル化によって、多文化共生の課題やさまざまな問題の多様化・複雑化・複合化に直面している。誰もが人として尊重され、共に暮らすことのできる社会の実現に向けて現状を変えていく必要性が高まっているにもかかわらず、その実現のために必要なマクロレベルでのソーシャルワーク実践は、日本のソーシャルワーク実践において十分な地位を得ていない現状がある。もしくは、多くのソーシャルワーカーがその必要性を認識しながらも、どうしてよいかわからず足踏みをしている状態ともみえる。

　第1章で概観したように、「ソーシャルワーク専門職のグローバル定義（以下、グローバル定義）」や「ソーシャルワーカーの倫理綱領（以下、倫理綱領）」においてマクロレベル実践が一層強調されている。一方で、実践に取り組んでいるソーシャルワーク専門職は、その任務を遂行するための理論・モデルに関する知識を学んでいるだろうか。そして、その知識を実践する技術を身につけているだろうか。「マクロレベルでの実践がグローバル定義等で強調される前から、マクロレベルの実践が求められていたのだから、身につけていて当然だ」と、簡単に片づけるわけにはいかない。

　グローバル定義の採択によってマクロレベルの任務が強調されたことを受けて実施した「ソーシャルワーク専門職である社会福祉士のソーシャルワーク機能の実態把握と課題分析に関する調査研究（以下、2018年実態調査）」の結果では、日本のソーシャルワークにおけるマクロレベルでの任務の遂行状況はどうだっただろうか。グローバル定義の採択後約5年経過した時点での調査の結果からは、グローバル定義に示されたソーシャルワーク専門職としての任務を遂行する機会をもつことができていない可能性も示唆されている。

　これは、ソーシャルワークにおいてミクロ・メゾ・マクロレベルが一体であるとはいえ、現実の実践ではそれぞれの職場の業務において強調されている任務があることと関係している。その多くがミクロレベルでの実践であり、メゾレベル、特にマクロレベルでの実践を強調する職場に身を置くソーシャルワーカーは多くない。また同時に、ソーシャルワーカーの就職先として、マクロレベルの実践を強調している職場が多くない状況を示しているとも考

えることができる。

そこで、2014年に採択されたグローバル定義下のソーシャルワーク専門職が任務を遂行するためには、倫理綱領や社会福祉士の行動規範の知識をアップデートするだけでは十分ではない。これまでの日本におけるソーシャルワーク専門職のマクロレベルの実践を問い直し、理論的枠組みをはじめとする知識や活用可能な技術をアップデートしていかなければならない。そして、ミクロレベルとマクロレベルの実践のバランスの変化をうながし、ミクロレベルの実践とマクロレベルの実践が分断している状況を変えていかなくてはならない。

・ミクロ・メゾ・マクロレベルのソーシャルワークの位置づけ

石川は、2007（平成19）年の社会福祉士法改正以降、「ミクロ・メゾ・マクロソーシャルワーク」という用語が頻繁に用いられるようになったにもかかわらず、メゾ・マクロレベルのソーシャルワーク実践とはどういうことなのかそれほどはっきり示されておらず、実践内容や方法についても十分に開発されているとはいいがたいため、社会福祉士養成カリキュラムにおいて、メゾ・マクロレベルの実践の演習や実習について未発達な部分があることを指摘している[1]。つまり、マクロレベルの実践の必要性は認識されながらも、日本のソーシャルワークにおいて、またその教育において、実践内容や方法が十分に示されてこなかった可能性を示唆している。

具体的には、石川は、メゾ・マクロレベルのソーシャルワークが未分化で明確な定義が難しいことやマクロレベルの実践が十分に根づいていないことを背景に、マクロレベルの実践のみならず、ミクロ・メゾ・マクロレベルのソーシャルワークに関する実践理論そのものが十分に発達していないことを指摘している[1]。

また、石川は、メゾ・マクロレベルのソーシャルワーク定義が未分化である大きな要因を「ソーシャルワーク理論の多くは、アメリカから導入されているが、本場アメリカにおいてもメゾがマクロに含まれているために、マクロソーシャルワークのテキストはあるものの、参考となるメゾソーシャルワークのテキストがほとんどないこと」[1]と指摘している。実際、後述するロスマンとミズラヒによる議論においては、ミクロレベルとマクロレベルの実践がソーシャルワークの「両輪」として記述されており、メゾレベルに関する言及はない。

石川は、加えて、「わが国でメゾ・マクロが重視されるようになった2007年以降に出版された社会福祉士養成テキストをいくつかみてみたが、メゾ・マクロレベルについては、いずれも簡単な説明がなされているだけで、具体的な方法論を含めて詳細な記述はなされていない」という社会福祉士養成教育の現状を指摘している[1]。このようにメゾ・マクロレベルのソーシャルワーク定義が未分化であることによって、日本でメゾ・マクロレベルの実践に関する理論的な枠組みが確立されていない現状を指摘している。

　ソーシャルワークにおけるマクロレベルの実践や教育が不十分な状況やミクロレベルとマクロレベルの実践の分断、ミクロ実践への偏りは、日本だけで起きている話ではない。例えば、アメリカの状況についてロスマンとミズラヒは、全米ソーシャルワーカー協会（National Association of Social Workers：NASW）の倫理綱領（Code of Ethics）や全米ソーシャルワーク教育協議会（Council on Social Work Education：CSWE）の教育方針と認定基準（EPAS 2015）に明確にマクロレベルでの実践の責務が示されているにもかかわらず、実践や教育において十分に取り扱われていない点を指摘している[2]。

　マクロレベルでの実践が十分に取り扱われていないことの根拠として、ロスマンとミズラヒは、ソーシャルワークが実践される現場において、コミュニティ・オーガナイジングや制度・政策にかかわる時間が2％にとどまったという2008年の全米ソーシャルワーカー協会の調査報告や、マクロレベルの実践に特化した科目に履修登録をしているMSW（Master of Social Work）の学生が8.8％にとどまったという全米ソーシャルワーク教育協議会の調査報告、多くの学校がマクロレベルの教育に焦点を当てておらず、マクロレベルの科目を開講している割合が低いというACOSA（Association for Community Organizing and Social Action）の調査結果等を引用して、ソーシャルワークの両輪のミッションであるミクロとマクロのバランスを検討すべきであると主張している。

第2節　マクロソーシャルワークの射程

　マクロソーシャルワークの射程をどうとらえるかをアメリカや日本のテキスト等で扱われている定義等を参考にしながら整理していきたい。

アメリカにおけるマクロソーシャルワークの定義

・NASW『Encyclopedia of Social Work』での定義

　はじめに、NASW（National Association for Social Workers）の編集による『Encyclopedia of Social Work』の「Macro Social Work Practice」の項目を確認したい。冒頭で、「マクロ実践の計画的、組織的、コミュニティ、そして政策の側面は、ソーシャルワーク専門職の『環境の中の人』という視点の強調を、より際立たせる」と述べ、「計画」「組織」「コミュニティ」

「政策」というマクロ実践の四つの側面を示している[3]。

　定義に関する記述では、マクロソーシャルワークは「組織、コミュニティ、政策領域の内外でQOLのために、維持したり、変化させたり、アドボケートしたりしようとする働きかけ」を含むものであると述べ、「マクロ実践は組織、コミュニティ、政策もしくは意思決定の領域で展開するのが典型的である」としている。そして、マクロソーシャルワークの介入の領域についてロスマンらを引用して「コミュニティ」「組織」「小グループ」の三つの領域をあげている[4]。この小グループは、「近しい関係で話し合いや協働する人々の集まり」であるとして、マクロ実践を起こしていく媒介としての役割を果たすものと説明している。小グループの例として、「組織内で必要に応じてつくられた委員会や複数の専門性を持った同僚間で戦略的に作られた連合体、コミュニティにかかわる機関の連合体、もしくは新しい社会運動をはじめた人たち」をあげている。

・CSWE『マクロソーシャルワークのカリキュラムガイド（2018）』での定義

　次に、全米ソーシャルワーク教育協議会が2015年に発出した教育方針と認定基準（EPAS2015）に対応するものとして作成した『マクロソーシャルワークのカリキュラムガイド（2018）』の内容を確認したい。イントロダクションでは、「マクロソーシャルワークを組織運営管理、コミュニティ・オーガナイジング、政策実践として定義する」とし、その実践を「組織運営管理」「コミュニティ実践」「政策実践」の三つの領域から説明している[5]。ただし、これら三つの領域にそれぞれ違いはあるものの、これらは重なり合っており、その境界線ははっきりしていないことも示されている。また、ここでの「コミュニティ」とは、地理的な要件に基づく地域社会のみを表すのではなく、アイデンティティおよび文化、信条や宗教、互いの関心事、何らかの目的に基づいてつくられたもの（アソシエーション）などのさまざまな共同性に基づくタイプのコミュニティのことを指していると説明されている。

・アメリカの一般的なテキストでの定義

　次に、アメリカでのマクロソーシャルワークの説明として、一般的なテキストでの定義を概観してみたい。ブルーグマンは「マクロソーシャルワークは、個人やグループが問題を解決し、コミュニティ、組織、社会、グローバルのレベルで社会変革を起こすのを支援する実践である」[6]としており、また、ネッティングらは、マクロ実践とは「組織、コミュニティ、政策のすべてまたはいずれかの場における変化をもたらすためにデザインされた、専門的に意味づけられた介入」と定義している[7]。

　ここまでのアメリカでのマクロ実践に関する定義の議論をまとめてみると、マクロ実践の媒介となる「小グループ」とマクロ実践の側面・領域となる「計画」「組織運営管理」「コミュ

ニティ実践」「政策実践」、そして、マクロ実践の変革のレベルとしては「組織」「コミュニティ」「政策」「社会」「グローバル」が示されたといえる。

日本におけるマクロソーシャルワークの概念

・『現代福祉学レキシコン』での定義

　日本では、ミクロ・メゾ・マクロレベルのソーシャルワークに関して多く示されてはいないが、日本での議論のはじめに、『現代福祉学レキシコン』での「マクロ・ソーシャルワーク」の項をみてみたい。ここではマクロソーシャルワークは「社会福祉を巨視的な角度からとらえて実践する広範な実践をいう」「元来、国あるいは連邦・州・県・市町村などの社会福祉に関連する政策、制度、計画などを指す広域実践を意味する言葉で、一般的にはミクロ・ソーシャルワークとの対比において使用される概念である。つまり、ミクロ・ソーシャルワークが、個人、家族、小集団など微視的な側面やレベルの福祉問題に対応する一連のソーシャルワーク実践であるのに対して、マクロ・ソーシャルワークは一国の福祉問題に政策的に、制度的にどのように対応し、どのような計画のもとに展開していくかなどに大きな関心が寄せられる」「マクロ（巨視的・広域的実践）とミクロ（微視的・極小的実践）との中間に、今日問題になっている地域福祉や家族福祉などの課題をどのようにカテゴライズするかの問題がある。これらの領域はマクロならびにミクロいずれの領域にも関連していることから、あえて、この領域をメゾ・ソーシャルワークと呼ぶこともある。この中間ないしは中範囲をカバーするソーシャルワークはマクロならびにミクロのいずれの方法をも使用するところから、概念としては曖昧なものにならざるを得ない」[8]と述べ、地域福祉や家族福祉を「メゾ・ソーシャルワークと呼ぶこともある」ことに言及している。

　続けて、「直接的にあるいは臨床的に個人や小集団自体にかかわる実践ではなく、より広く社会福祉の資源を確保し、より効果的に活用するために、サービスを計画立案したり、それらの有効性を評価したり、さらには組織や団体相互間や地域におけるサービス体制を管理運営する実践に関わる」と述べられている。マクロレベルの実践としては、国・都道府県・市町村などの政策・制度・計画などを指す広域実践であり、サービスの計画立案、有効性評価、組織・団体相互間・地域におけるサービス体制の管理運営という実践にかかわることが示されている。

・『エンサイクロペディア社会福祉学』での定義

　『エンサイクロペディア社会福祉学』ではマクロソーシャルワークそのものを取り上げた項はないものの、社会福祉実践の枠組みの「形態」の項目において、「ミクロ実践、メゾ実践、マクロ実践と分類することもあり、この場合にはミクロ実践をケースワーク、グループワー

ク、メゾ実践をコミュニティワーク、マクロ実践をその他の援助技術（ソーシャルアクション、ソーシャルリサーチ、ソーシャルアドミニストレーション、ソーシャルプランニング）とすることがある」と述べ、「形態的分類がどのようなサブカテゴリーからなるかについては厳密ではない」と続けている[9]。

・『ソーシャルワーク演習のための教育ガイドライン』での定義

　次に、日本ソーシャルワーク教育学校連盟がまとめた「ソーシャルワーク演習のための教育ガイドライン」（以下、演習教育ガイドライン）をみてみたい。各レベルの分け方には諸説あることを前提としつつ、ヘプワース他（2016）での説明を参考に、ミクロ・メゾ・マクロの実践レベルについて次の **表2-1** のとおり説明されている。

　演習教育ガイドラインには、ソーシャルワークの実践方法として、「三つのレベルのとらえ方には諸説あり実践方法の区分についても統一されたものはない」と改めて述べたうえで、マクロレベルの実践方法を説明している。

　表2-1 のマクロレベルでは「対面での直接サービス提供ではなく、社会問題に対応する」「社会全般の変革や向上」と説明がある点に注目したい。ミクロ・メゾレベルでは、その変化の単位を「個人や家族への直接援助」（ミクロレベル）と「クライエントに直接影響するシステムの変容を目指す介入」（メゾレベル）と位置づけており、対象として具体的な特定の人が想定されるレベルである。一方のマクロレベルでの説明では、「社会全般の変革や向上」の対象の具体的な例として「コミュニティ・国家・国際システム」「政策や制度」が示されている。マクロレベルには、変革の対象となる社会構造の影響を受ける人々は想定されるものの、特定の個人は想定されていないことがわかる。

　また、**表2-1** では「自治体・地域社会・組織システム」がメゾレベルにカテゴライズされているのに対し、マクロレベルでは「コミュニティ・国家・国際システム」とされている。一定の地理的な要件に基づくコミュニティである地域社会はメゾレベルに分類している一方で、その他のアイデンティティおよび文化、信条や宗教、互いの関心事、何らかの目的に基づいてつくられたさまざまなタイプの「コミュニティ」をマクロレベルにカテゴライズしている点に特徴があるといえる。

　表2-2 に示された実践方法（介入方法）の区分としては、「ソーシャル・ウェルフェア・アドミニストレーション（組織・機関の管理運営）、コミュニティワーク（地域開発・地域福祉計画・政策立案・社会資源の開発を含む）、立法・審議会・懇話会・各種委員会などの政策や制度に関与する会議への出席・参画、ソーシャルアクション、ロビー活動など」がマクロレベルに位置づけられている。マクロレベルの実践方法に、特定の人は想定されていない。直接的なサービス提供そのものやサービス提供システムではなく、それらのサービスや

表2-1 ソーシャルワークの実践レベル

（1）ミクロレベル

　困難な状況に直面する個人や家族への直接援助である。具体的には、クライエントが抱えている生活問題を対象としたものである。より一層の人権保障が求められる状況や人権侵害が起こっている状況、より一層の自己実現やQOL向上が求められる状況、自己実現の機会を奪われている状況、社会的不利ゆえに機会を活かせていない状況などがある。

（2）メゾレベル

　家族ほど親密ではないが、グループや学校、職場、近隣など有意義な対人関係があるレベルで、クライエントに直接影響するシステムの変容を目指す介入である。自治体・地域社会・組織システムなどを含み、具体的には、各種の自助グループや治療グループ、仲間や学校、職場、近隣などが含まれる。ミクロレベルの課題がディスエンパワメントの状況や地域社会からの排除の状況などによって生じている場合、ソーシャルワーカーはグループや地域住民がそれらの問題を「自らの問題」として捉えることができるような環境をつくるために働きかける。

（3）マクロレベル

　対面での直接サービス提供ではなく、社会問題に対応するための社会計画や地域組織化など、社会全般の変革や向上を志向しているものである。具体的には、コミュニティ・国家・国際システムであり、政策や制度を含む。差別、抑圧、貧困、排除などの社会不正義をなくすように、国内外に向けて社会制度や一般の人々の社会意識に働きかけることである。ミクロレベルやメゾレベルの課題が偏見や差別、雇用問題、法律や制度などの社会構造の歪みから生じている場合、ソーシャルワーカーは長期的な人間の福利（ウェルビーイング）を考え、社会問題を介入の対象とする。

資料：日本ソーシャルワーク教育学校連盟「ソーシャルワーク演習のための教育ガイドライン」『社会福祉士養成課程の見直しを踏まえた教育内容及び教育体制等に関する調査研究事業』実施報告書』pp.19-20, 2020年

表2-2 マクロレベルの実践方法

　働きかける対象が不特定多数の広範な領域で、より抽象度が高いものをマクロレベルとする。マクロレベルには、コミュニティ・国家・国際システムなどが含まれ、社会計画の過程が含まれる。このレベルで活用されるソーシャルワークの介入方法としては、ソーシャル・ウェルフェア・アドミニストレーション（組織・機関の管理運営）、コミュニティワーク（地域開発・地域福祉計画・政策立案・社会資源の開発を含む）、立法・審議会・懇話会・各種委員会などの政策や制度に関与する会議への出席・参画、ソーシャルアクション、ロビー活動などがある。

資料：日本ソーシャルワーク教育学校連盟「ソーシャルワーク演習のための教育ガイドライン」『社会福祉士養成課程の見直しを踏まえた教育内容及び教育体制等に関する調査研究事業』実施報告書』pp.19-20, 2020年

システムをもつ組織やコミュニティ、政策や制度を変革の対象としていることが **表2-2** の説明から理解できる。

日本におけるマクロソーシャルワークの射程と「コミュニティ」

　ここで、社会福祉士資格創設直後の1989（平成元）年に出版された『コミュニティ・ワーク　地域福祉の理論と方法』で、マクロソーシャルワークに触れているので紹介したい。

　はしがきでは、戦後にアメリカから直輸入されたコミュニティ・オーガニゼーション理論は当時の日本の風土や国民性になじみにくいものがあり、70～80年代の日本の地域社会の変動は、実践が理論よりも先行し、伝統的なコミュニティ・オーガニゼーション理論では対応しきれないという状況を生み出すことになったと述べている。これによりコミュニティ・ワークとして理論的進化や実践化の必要性が問われるようになったと述べたうえで、「地域の環境改善により多くの関心を有するマクロ・ソーシャルワークの視点から見た新しいコミュニティ・ワーク理論の構築をどのように図るかなどの問題が提起されている」[10] と述べている。

・マクロソーシャルワークとコミュニティ・ワークの関係性

　そして、ここでマクロソーシャルワークとコミュニティ・ワークの関係を説明するのに引用されているのがロスマンの「コミュニティ・オーガニゼーション実践の三つのモデル」である。1968年に「小地域開発モデル」「社会計画モデル」「SA（ソーシャル・アクション）モデル」を示したロスマンが、1987年のトロップマンとの共同執筆による大幅改訂において、マクロ実践の体系化を目指す最初の予備的な議論であることを断りつつ、当初の三つのモデルに「ポリシー・プラクティス・モデル」と「アドミニストレーション・モデル」を追加したことも解説されている。1968年の「三つのモデル」を広くコミュニティ実践と位置づければ、前述のアメリカでのマクロソーシャルワークの説明と同じく、「コミュニティ実践」「組織運営管理」「政策実践」の3領域と一致する。

　定藤は、「コミュニティ・ワークをマクロ・ソーシャル・ワークの一環の方法モデルとして位置づける試みも一定の意味を持つ」と評価する一方で、五つの問題点を指摘している。そのうちの一つが「マクロ・ソーシャル・ワークとしてのコミュニティ・ワークの収斂化は、マクロとミクロ実践（直接的サービスとしてのケースワーク、グループ・ワーク）の二分法という状況にも規定されて、コミュニティ・ワークのもつ『住民の主体力・問題対処力の形成』という機能を希薄化させかねないという問題」があるという指摘である。さらに、「これは、ソーシャル・ワークとしてのコミュニティ・ワークの最重要機能の一つであり、その機能の希薄化を派生させるとすれば、安易なマクロ実践のカテゴリー化、それへの収斂化は、

表2-3 コミュニティ・オーガニゼーション実践の三つのモデル

		モデルA 小地域開発	モデルB 社会計画	モデルC ソーシャル・アクション
1	コミュニティ活動の目標	自助；コミュニティの活動能力や全体的調和（プロセス・ゴール）	基本的なコミュニティの諸問題に対する問題解決（タスク・ゴール）	権力関係や資源を移行させていくこと；基本的な制度上の変革（タスク・ゴールかプロセス・ゴール）
2	コミュニティの構造や問題状況に関する仮説	コミュニティの喪失、アノミー；関係や民主的な問題解決能力の欠落；静態的な伝統的コミュニティ	基本的な諸社会問題；精神衛生や身体上の健康問題、住宅問題、レクリエーション	不利な立場に置かれた人々、社会的不正、剥奪、不平等
3	基本的な変革の戦略	人々が自身の問題を決定したり、解決していく行動に広範に連帯していくこと	問題についての事実の収集や、最も合理的な活動の順序を決定していくこと	論争点を定形化したり、人々が敵対目標に対して行動を起こすように組織化していくこと
4	特徴的な変革の戦術と技術	合意；コミュニティの諸集団や諸利益の間の相互交流；集団討議	合意またはコンフリクト	コンフリクトまたは闘争；対決、直接行動、交渉
5	特徴的な実践家の役割	触媒としての助力者、調整者；問題解決の技術や倫理的な価値観についての教育者	事実の収集者と分析者、事業推進者、促進者	運動家──弁護者；煽動者、仲介者、交渉者、パルチザン
6	変革の手段	課題を志向する小集団を操作すること	公的組織やデータを操作すること	大衆組織や政治過程を操作すること
7	権力構造に対する志向性	権力構造のメンバーは共通の活動における協同者である	権力構造は雇用者であり、依頼者である	権力構造は活動の外側にある目標物；攻撃され、破壊されるべき圧制者
8	コミュニティのクライエント・システムまたはクライエント集団の範囲	地理的コミュニティ全体	コミュニティ全体またはコミュニティの一部分（機能的コミュニティを内包した）	コミュニティの一部分
9	コミュニティの構成員間の利害に関する仮説	共通性のある利害または調停可能な相違	調停可能な利害または葛藤状態にある利害	容易に調停されえない相互に葛藤している利害；乏しい資源
10	公益の概念	理性的で同質的な観方	合理主義的で同質的な観方	現実主義的で個人主義的な観方
11	クライエント集団の概念	市民	消費者	被害者
12	クライエントの役割についての概念	相互作用的な問題解決過程への参加者	消費者または受給者	雇用者、任命者、仲間

出典：高森敬久・高田真治・加納恵子・定藤丈弘『コミュニティ・ワーク──地域福祉の理論と方法』海声社，p.116，1989年，筆者訳

慎重な検討を要する」[10]と述べている。

　ここで定藤はロスマンの「Community」を主に「地域社会」として理解し、使用していると理解できる。そのうえでマクロソーシャルワークの一環の方法モデルとしてコミュニティワークを位置づけることを検討した結果、コミュニティワークがマクロソーシャルワークに収斂されることになり、コミュニティワークがもつ「住民の主体力・問題対処力の形成」機能が希薄化することを危惧した。

　このように定藤が危惧した理由の一つに、アメリカでの実践に比べて、日本のソーシャルワークでは地域社会を中心としたメゾレベルの実践が重視されていた状況があったのではないだろうか。定藤はロスマンの「Community」を地域性に基づく「地域社会」として認識することで、それをメゾレベルの実践にカテゴライズし、コミュニティワークがマクロレベルの実践に収斂化されることを避けたのではないかと考えられる。

・ロスマンによる「Community」のとらえ方

　一方で、ロスマンは自身が編集に加わった『STRATEGIES OF COMMUNITY INTERVENTION SEVENTH EDITION（2008）』において「Community」は、地理的な要件に基づくもののほか、社会階層や宗教、性的指向や身体機能、人種、民族などの多様な存在として説明している[4]。いわゆる「地域社会」のみを指していない。ロスマンの文脈では「Community」が地域性のみならず何らかの共同性や同じ目的をもつことに基づいた「人々」の集合体を指している。ロスマンの「Community」と聞いてまず思い浮かんでくるのは地理的な範囲ではなく、「人々」である。そして、その人々がどのような当事者性や同一性、共同性、目的に基づいた人々かによって「○○コミュニティ」と認識されている。例えば、「LGBTQコミュニティ」や「外国人コミュニティ」などがあげられる。

　これらの「Community」をどう訳し、解釈するかの違いによって、「Community」に含まれる「人々」やカバーする範囲に違いが生まれる。例えば、定藤が同書で引用した「コミュニティ・オーガニゼーション」の三つのモデルにおいて、「小地域開発モデル」の「基本的な変革の戦略」の欄には「人々が自身の問題を決定したり、解決していく行動に広範に連帯していくこと」とある（**表2-3**）。ここでの「人々」は、「Community」を「地域社会」と訳す日本の文脈では「地域住民」になる。一方、地域性のみならずさまざまな共同性に基づく人々の集合体を「Community」として説明しているロスマンの文脈では、「住民」も含む「本人」や「当事者」「関係者」となる。

　このような訳の解釈の違いにより、日本の文脈では「Community」の実践が地域社会でのメゾレベルの実践であることを強調することで、マクロレベルでの実践をみえにくくしているのではないだろうか。そして、アメリカの文脈では「Community」に含まれるものす

べてをマクロレベルに分類することでメゾレベルの実践がみえにくくなることと関係しているのではないだろうか。

　1冊のテキストの記述を一般化して考えることはできないが、当時の日本のソーシャルワークにおける「コミュニティ」のとらえ方を反映したものであり、日本において「地域社会」の「住民の主体力・問題対処力の形成」に向けたメゾレベルでのはたらきかけがアプローチとして重要視されている現状にも強い影響を与えているのではないだろうか。

・メゾレベルを強調する日本でのコミュニティのとらえ方

　戦後から1960（昭和35）年の『社会事業』誌上でのコミュニティ・オーガニゼーションの議論を整理した野口は、この間の議論を「地域に着目した議論」「組織化に焦点を当てた議論」「C.Oとは何か」の3点にまとめている[11]。いずれも「コミュニティ」が一定の地理的な範囲を表す「地域社会」を指すことを前提としている。例えば、地域住民を対象とした地域組織化やその地域組織化を進める団体としての社会福祉協議会があげられている。

　また、「コミュニティ」の解釈における都市社会学の影響も無視することはできないだろう。

　このような解釈により、コミュニティへの介入が、主に地理的な要件と住民の共同性の両方に基づく地域を対象とした介入として理解されて展開してきたことが、日本においてメゾレベルの実践が発展してきたことの一因となった可能性もある。同時に、日本の社会的な価値観や国家資格化における「社会福祉士」のカリキュラムのあり方などに加え、メゾレベルの実践を強調することによって地域社会をはじめさまざまな共同性に基づくコミュニティでの実践がマクロレベルの実践へと展開しにくい状況が生み出されていたのではないだろうか。

　このような状況が生み出された背景には、マクロレベルでの政策的な意図も関係しているかもしれない。例えば、日本において「地域」共生社会の構築が政策目標に掲げられていることやソーシャルワーク専門職の活用の文脈において「個別支援から地域支援」に取り組むことが強調されていることからもいえる。これらは、ソーシャルワーク専門職にミクロからメゾレベルまでの実践を強く期待していることを示している。

　そして、これらの担い手として期待されているのがソーシャルワーク専門職であり、その役割を果たすべき職種・職場への採用の機会も増えてきている。例えば、社会福祉協議会や地域包括支援センターの実践に加え、社会福祉法人に地域における公益的な取組みが求められるようになったことなどがあげられる。いずれにせよ、ミクロからメゾレベルの実践がソーシャルワーク専門職にとって重要な役割であることに変わりはない。しかし、第1章でみてきたように、ソーシャルワーク専門職としての使命を遂行するためには、マクロレベルの実践や対象を視野に入れて、ミクロからマクロレベルを一体的にとらえた実践をしていくことが求められている。マクロソーシャルワークの文脈では、コミュニティをそれぞれの

様々な共同性による多様な存在としてとらえるロスマンの説明に基づいて解釈することで、よりよくマクロレベルでの実践が展開していくことを期待したい。

マクロソーシャルワーク実践の領域

ここまで見てきたように、日本とアメリカで「コミュニティ」の扱いに違いがあるものの、マクロソーシャルワーク実践として「組織運営管理」「コミュニティ実践」「政策実践」の三つの領域が重なり、関係しあい、それらの実践を小グループ（近しい関係で話し合いや協働する人々の集まり）が媒介しているものと理解できる（図2-1）。

これらは、関係する問題の文脈によって、それぞれがカバーする範囲は異なる。例えば、「組織」といったときに、国連やWHOなどをはじめとする世界にまたがって活動する組織もあれば、地域のなかにある少人数で構成される直接的にサービスを提供する組織もある。世界の広い範囲に影響を与える制度・政策もあれば、小さな市町村の範囲で展開する制度・政策もある。職場や組織の構成メンバーに影響を与えるポリシーやルールもある。世界中にいる人がつながりあうコミュニティもあれば、「小地域」と呼ばれる狭い一定の範囲で暮らしている人々によって構成され、特定の人を想定できるコミュニティもある。図2-1 では三つのすべての円を同じ大きさに描いているが、実際には文脈によってそれぞれがもつ影響の範囲は変化するため、対応する問題やその問題に関係する人々の範囲によって、円の大きさや包含関係は変化することが考えられる。

また、ネッティングらは、マクロ実践の概念枠組みとして、図2-2 を示している[7]。ソーシャルワーク専門職がマクロ実践にかかわっていくきっかけをもつに至るにはさまざまな経

図2-1 マクロ実践の3領域

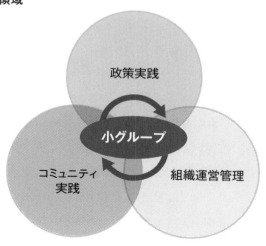

資料：筆者作成

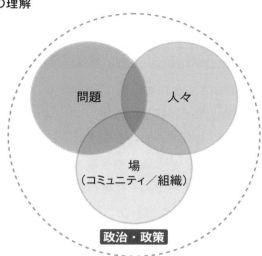

図2-2 マクロ実践の概念図：
問題、人々、場の理解

問題

人々

場
（コミュニティ／組織）

政治・政策

出典：Netting, F. E. Kettner, P. M. McMurtry, S. L. Thomas, M. L. *Social Work Macro Practice SIXTH EDITION*, PEARSON, 2017.

路があり、その経路が「人々」「問題」「場（コミュニティ／組織）」であるとしている。これら三つを表す円が重なり合う部分はソーシャルワーク専門職がどのようにマクロレベルに焦点をあてるかを示しており、そのマクロ実践がより明確に概念化され、定義づけられるようにするためには、政治・政策の文脈も考慮に入れなければならないとしている。また、ネッティングらは、**図2-2**はソーシャルワーク専門職が変化の必要性を明らかにし、検討し、分析し、そして、問題解決策を打ち立てるために、活用可能なアプローチを描き出したものであるとも述べている。例えば、学校（場）で、児童・生徒（人々）に、いじめ（問題）が発生したとする。この問題の解決に向けて、学校の変化や児童・生徒の変化に対して、アプローチを行うことも検討できるが、政治・政策の文脈として、子育て世帯への経済的支援や相談できる仕組みがない、学校評価の仕組みが関係していることが見えれば、マクロ実践での必要な変化が明確になるだろう。

　これまでみてきたように、日本では「コミュニティ」が主に一定の地理的な範囲における共同性に基づいた人々の集合を示すものとして理解されているという事実もある。一方で、「コミュニティ」が一定の地理的な範囲の人々のみを指す言葉ではないことはすでに多くの人が共有する見方になってきているのもまた事実である。ソーシャルワークにおけるマクロレベルの実践の文脈で「コミュニティ」をとらえる際には、一定の地理的な範囲の人々によるコミュニティに限定せず、LGBTQコミュニティや外国人コミュニティ等を含むよりさまざまなタイプの共同性に基づくコミュニティを指すものとして理解する。そのうえで、

「人々」「問題」「場（コミュニティ／組織）」を通して、マクロ実践にかかわるきっかけをもち、そこで起きていることに対して「政治・政策」の文脈を考慮することで、マクロ実践をとらえることができる。

本書におけるマクロソーシャルワークの射程

ここまで、何がマクロソーシャルワークなのか、日本とアメリカでの定義や実践レベル、領域、対象などを概観することを通して、検討してきた。しかし、定義には諸説あるという状況からもわかるとおり、はっきりした統一的で包括的な見解を見出すことは困難である。そこで、本書におけるマクロソーシャルワークの射程を、本書の目的に沿って整理したい。

本書は、「代弁・社会変革機能」「組織化機能」「調査・計画機能」等について、ほかの機能に比べて「実践・発揮する機会が少ない」「実践・発揮する機会があっても経験している人が少ない」「実践・発揮する知識・技術があるという人が少ない」という序章で示された調査の結果からみえた現状に対する問題意識を、制作のきっかけとしている。この現状を、ソーシャルワーク専門職として実践に取り組む人たちとともに変えていくことが、大きな意味での目的である。

この目的をよりよく達成するためには、マクロソーシャルワークは「何を目指して展開するのか」を明確にし、その目指すところに向けて「意図的にどのような実践を行うか」を定義として示すことが最も利益が大きいと考えた。

そこで、本書でのマクロソーシャルワークの射程として、「マクロソーシャルワークとは、不特定多数の人々への影響を想定し、社会・経済状況、法律・制度、意識・価値観、偏見・差別等の社会不正義、慣習等の変革を目指して展開する意図的なコミュニティ実践（組織化、計画化、資源・能力開発、アドボカシー）、組織運営管理、政策実践である」と定義する。

マクロソーシャルワークの定義における二つのポイント

この定義のポイントは、「不特定多数の人々への影響を想定するか」と「社会変革を目指した意図的な実践か」の二点である。この二つのポイントを満たすものを、マクロレベルの実践と整理した。

「不特定多数の人々への影響を想定」するかどうかの判断は難しい。そこで、組織や団体、多様なコミュニティの内側での実践は、影響を与える範囲が特定できるものととらえ、メゾレベルの実践に整理する。外側に向けた社会変革の取組みは、不特定多数の人々への影響を想定するものとして、マクロレベルの実践に整理する。次に、いくつかの例を考えながら、理解を深めていきたい。

マクロソーシャルワークの定義による メゾ・マクロレベルの実践の整理

　高齢化率が50%を超える集落のなかで暮らす地域住民同士の助け合い・支え合いの仕組みをつくる計画づくりや実践、その仕組みをつくることを目指した集落の住民の能力開発や組織化は、メゾレベルの実践として整理する。高齢化率がほかの地域より極端に高いことで集落に資源が割り当てられなくなり、問題が発生していると認識された場合、その不公平な資源の割り当ての根拠となっている条例や法律・制度、考え方を変えることを目指して、集落の住民の組織化や能力開発、集落を超えた理解者の募集やネットワーク化に取り組むことは、マクロレベルの実践に整理する。

　続いて、LGBTQ コミュニティについて、考えてみたい。性的マイノリティであることで法律上の不公平な取扱いを受け、生活上の困難が発生しているとする。この困難に対して、一定の範囲内で組織を構成するメンバー同士がサポートを提供し合い、支え合うことによって乗り越えようとする取組みはメゾレベルに整理する。しかし、LGBTQ の人々は現在の社会的な偏見や差別により、カミングアウトできない人も少なくない。そこで、LGBTQ と自認していない人や LGBTQ であるとカミングアウトしていない人々も広くサポートが受けられるような不特定多数の人たちに開かれたサービス資源の必要性が認識されたとする。その資源を開発したり、資源の必要性を社会に訴えたりすることはマクロレベルに整理する。また、不公平な取扱いの構造を生み出している法律の改正に向けた意図的なはたらきかけとして、プライド・パレードやデモを展開することは、マクロレベルに整理する。

　学校や職場のなかでの取組みはどのように整理すればいいだろうか。学校や職場のなかでの価値観や偏見、明文化されたルールによって問題が発生しているとする。学校や職場のなかでは、その影響を受ける人が特定できる範囲内であることが想定できるため、メゾレベルの実践として整理する。この学校や職場のなかの価値観や偏見、明文化されたルールが、より大きな社会の価値観や偏見、社会的に共有されたルール、制度・政策のような構造によって発生していると認識し、変化に向けてはたらきかけることは、学校や職場の範囲を超えて、不特定多数の人々への影響を想定した意図的な実践ととらえられるため、マクロレベルの実践に整理する。

　外国人コミュニティを対象とした相談活動はどうだろうか。相談対応として、個別の問題解決にはたらきかけていくレベルはミクロレベルに整理することができ、相談を必要とする外国人に情報が届くように特定のメンバーや組織を対象とした広報活動を展開する場合や外国人同士がサポートし合うためのネットワークの構築は、相談へのアクセシビリティやコ

ミュニティ内の助け合いの可能性を高めるためのはたらきかけとして、メゾレベルに整理する。相談活動で収集された外国人の生活上の困難状況を根拠として、その困難状況を社会に向けて訴え、人々の意識・価値観の変化を目指した取組みとして相談活動の広報活動に取り組んでいる場合はマクロレベルに整理する。もしくは、メゾレベルとマクロレベルの実践が同時に進行していると整理する。相談活動自体も、外国人コミュニティが受けている社会からの差別や偏見を変えていくことを目指して、相談をきっかけとする外国人コミュニティの組織化や声を集める活動として意図的に展開している場合はマクロレベルに整理し、ミクロレベルとマクロレベルの実践が同時に展開していると整理することができる。

　これらは、前述した本書におけるマクロソーシャルワークの定義をもとに、便宜的にメゾレベルとマクロレベルを整理したものだが、メゾ・マクロレベルの実践は連続体であり、切り離すことは意図していない。メゾレベルでの実践は、マクロレベルに位置づけた社会変革をよりよく実践するのに貢献するが、コミュニティ内の構成メンバー同士による助け合い・支え合いを目指した取組みや一定の範囲内での問題解決に向けた取組みは、メゾレベルに整理した。マクロレベルの実践として、定義に位置づけた変革を目指した取組みへと意図が変化したとき、また、その意図が意識化されたとき、マクロレベルの実践に移行したと整理することができる。これらの実践には複数の意図が含まれることも考えられるため、メゾレベルとマクロレベルの実践、ミクロレベルとマクロレベルの実践が同時に進行することもあることがわかる。

　社会の変革を意図した実践であっても、変化のためにはたらきかける対象は大きな権力をもつ一人の人である場合や資源の配分に決定権をもつ少人数の委員会の場合もある。これらのような場合でも、その実践の結果は不特定多数の人への影響が想定され、社会的な不正義の状況を変革していくための政策実践やアドボカシーであり、マクロレベルの実践に整理される。

マクロソーシャルワークを定義する意味

　石川は、メゾ・マクロレベルのソーシャルワークの定義が未分化で明確な定義が難しいことや具体的な方法論を含めて詳細な記述がなされていないことが背景となって、ミクロ・メゾ・マクロに関する実践理論そのもの、とりわけマクロレベルの実践理論が十分に発達してこなかったことを指摘していることはすでに前節で述べた[1]。本書におけるマクロソーシャルワークの射程を定義として示すことによって、日本でメゾレベルの実践が重視されている現状も踏まえ、それぞれの実践を際立たせようとした。また、際立たせることによって、ミクロ・メゾ・マクロレベルの実践が連続体であることをより意識化できるようにした。

この定義をもとに、自分自身の実践がメゾレベルに整理されるのか、マクロレベルに整理されるのかを意識して、考えてみてほしい。自分の実践がミクロ・メゾレベルの実践にとどまっている可能性に気づいたら、その問題やコミュニティにかかわるソーシャルワーク専門職として本当にマクロレベルの実践が必要とされていないのか、検討してほしい。そして、マクロレベルでの実践に取り組む必要性に気づいたら、ソーシャルワーク専門職として、必要な知識・技術を身につけ、マクロソーシャルワークを実践してほしい。また、マクロレベルを中心に活動している人との協働を模索し、共に活動してほしい。この一連の流れのなかで、マクロレベルでの実践の一歩を踏み出すことではじめて、本書でマクロソーシャルワークの定義をした意味を見出すことができる。

次の節では、マクロソーシャルワークを実践しようとするときに必要な知識の入り口として、活用可能な理論的枠組み等を説明したい。

第3節 マクロソーシャルワーク実践の理論的枠組み

ここで、マクロソーシャルワーク実践の理論的枠組みを確認しておきたい。NASW の『Encyclopedia of Social Work』の「Macro Social Work Practice」の項目では、マクロソーシャルワーク実践の理論的・経験的基盤の項で、マクロ領域の説明・分析によく活用されるものとして社会システム理論をあげている[3]。

システム理論では、グループ、組織、コミュニティなどといったさまざまな分析単位がある。これらの分析単位は要素の集合体であり、環境との間で、システムに資源が入り（インプット）、これらの資源が処理され（スループット）、そして何か新しいものが出現する（アウトプット）という相互作用プロセスをもつものとして、理解される。

また、システム理論と密接な関係にあるものとして、人と空間、社会構造の相互依存関係に注目する生態学理論をあげている。

加えて、環境のなかで人がなぜ、どのように行動するかを認識するための人間行動理論、その他、権力依存理論、紛争理論、資源動員論、さまざまな組織理論がマクロ実践を理解するのに役立つとしている。

マクロソーシャルワークは、専門職として、「環境の中の人」というシステム理論等の交互作用理論に依拠した見方に基づいている。同時に、ここでシステム理論等の交互作用理論

に基づいて改めて確認しなくてはならないのが、ソーシャルワークにおいてミクロ・メゾ・マクロレベルはそれぞれが独立した実践レベルではなく、連続した不可分なものだということとである。

システム理論等に基づいてミクロ・メゾ・マクロレベルを一体的にとらえる理解を前提として、本節ではマクロソーシャルワークに関する三つの理論的な枠組みを紹介しておきたい。一つ目は石川によるPDCAサイクルをベースにした「A-PDCAメタ実践モデル」とピンカスとミナハン（1973）が1970年代に提唱した四つのシステムを援用した「四つのシステムからみた三つの実践レベル」、二つ目はロスマンが「コミュニティ・オーガニゼーション実践の三つのモデル（1968）」を拡大・改変した「コミュニティ介入のマルチモード」、三つ目はロスマンの研究蓄積をもとに新たな分析枠組みを提示したギャンブルによる「マクロ実践の5領域とコンピテンシー」である。ここでは概要のみを取り上げることとし、具体的には、それぞれについて記述されたテキストや論文に改めてあたってほしい[1)4)12)]。

「A-PDCAメタ実践モデル」と「四つのシステムからみた三つの実践レベル」

はじめに石川が提唱しているのが、ミクロ・メゾ・マクロレベルを決定するための「A-PDCAメタ実践モデル」である[1)]。石川は、ソーシャルワーク専門職がミクロ実践を中心に活用されているプロセスをメゾ・マクロレベルにあてはめて考えることができないことによって、どのような枠組みで取り組んでよいかわからなくなると指摘している。そこで、メゾ・マクロ実践を行う際にも活用可能な枠組みが必要との考えから、実践レベルを決定する作業のための枠組みという意味での「メタ実践モデル」とした。PDCA（PLAN-DO-CHECK-ACTION）サイクルをベースに、実践を決定する材料を収集・判断するASSESSMENTを前のステップにおいて「A-PDCA」とし、これらを合わせて「A-PDCAメタ実践モデル」とした（図2-3）。ここに、人権や社会正義などの基盤としてのソーシャルワークの価値・倫理が根底にあること、ソーシャルワーク専門職が支援のために保持すべき知識や方法、技術（スキル）があることを 図2-3 に示し、このモデルがソーシャルワークとなることを説明している。

・A-PDCAメタ実践モデルのポイント

ここで大事なのは、必ずしもクライエント個々の問題の解決に取り組むミクロ実践からスタートするとは限らない点である。それを判断するのがASSESSMENTの段階である。ASSESSMENTの段階ではミクロ・メゾ・マクロのどのレベルで実践を行うか、それを決定するための的確な情報収集とそれに基づく判断が求められるとしている。また、ここでの

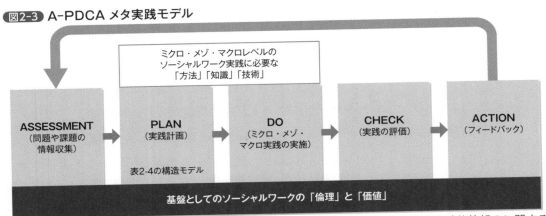

図2-3　A-PDCA メタ実践モデル

出典：石川久展「わが国におけるミクロ・メゾ・マクロソーシャルワーク　実践の理論的枠組みに関する一考察——ピンカスとミナハンの４つのシステムを用いてのミクロ・メゾ・マクロ実践モデルの体系化の試み『Human Welfare』第11巻第１号, pp.25–37, 2019年を一部改変

ASSESSMENT はソーシャルワークのプロセスにおけるアセスメントとは異なり、ミクロ・メゾ・マクロのどのレベルのどの範囲に取り組むかを決めるために行うものであることを断っている。

　次の PLAN の段階は、誰に対して何のためにどのように実践を行うか、実践計画を立てる段階としている。ここで後述する 表2-4 「四つのシステムから見た三つの実践レベル」を活用することになる。

　その後、ソーシャルワークに関する知識と方法・技術、その他のソーシャルワーク以外の知識、方法、技術をベースに三つの実践レベルそれぞれにおいて実践活動する段階の DO、行った実践を評価・検討する段階の CHECK、問題の見直しの段階、別の実践レベルや方法論選択へとフィードバックする段階の ACTION があると示されており、この一連のサイクルの連続性と流動性に従って何度も何度も繰り返されるとしている。

・四つのシステムからみた三つの実践レベルのポイント

　ASSESSMENT の段階でミクロレベルが選択された場合には、PLAN の段階で誰に対して何のためにどのように実践を行うかがわかりやすい。一方で、メゾ・マクロレベルが選択された場合には、対象者が支援を求める本人ではないため、誰（団体や組織等も含む）に対して、誰がかかわり、何を、どのような目的で実践するのかがわかりにくい面があることを指摘している。自らの実践がソーシャルワーク専門職としての実践であることを見失うことなく、ミクロ・メゾ・マクロという連続体のシステムとしてとらえて実践をしていくことが求められている。そのための枠組みとして、ピンカスとミナハンが提唱した四つのシステムの視点からミクロ・メゾ・マクロレベルの実践をより明確にする試みが、「四つのシステムから見た三つの実践レベル（ 表2-4 ）」である[13]。

表2-4 四つのシステムから見た三つの実践レベル

	ミクロレベル 利用者や個人	メゾレベル グループ、組織、地域社会	マクロレベル 制度・政策、社会意識
ワーカー・システム	ワーカー個人やワーカー仲間（個人レベルでの専門職知識や技術の向上など）	ワーカーが所属する組織、専門職団体等の働きかけ等（専門職による会議等も含む）	専門職団体のあり方、国家資格化、国際ソーシャルワーク等
クライエント・システム	利用者や家族へのアプローチ（従来のクライエントとその家族に対する支援、援助）	利用者の自助グループや同様の課題をもつ団体の組織化等	患者・利用者の全国団体の組織化等
ターゲット・システム	ターゲットとなる利用者以外の友人、知人、隣人、他専門職への働きかけ等	ターゲットとなるグループ、専門職団体や組織、地域の自治会等への働きかけ等	ターゲットとなる制度・政策、政党、専門職団体、国民の意識への働きかけ等
アクション・システム	アクションを起こす利用者以外の友人、知人、近隣、他専門職への働きかけ等	アクションを起こすグループ、専門職団体や組織、地域社会への働きかけ等	アクションを起こす政党、政治家、専門職団体への働きかけ、国民の意識改革のためのSNSの利用等

出典：石川久展「わが国におけるミクロ・メゾ・マクロソーシャルワーク実践の理論的枠組みに関する一考察──ピンカスとミナハンの4つのシステムを用いてのミクロ・メゾ・マクロ実践モデルの体系化の試み」『Human Welfare』第11巻第1号，2019年

　石川は、四つのシステムである「ワーカー・システム」「クライエント・システム」「ターゲット・システム」「アクション・システム」を縦軸、ミクロ・メゾ・マクロレベルを横軸でとらえて、この表を完成させている。そして、この二つの軸でとらえることによって、何に対して、誰がかかわり、何を、どのようにアプローチするのかというPLANの部分が具体的にみえると述べている。それぞれのシステムからみたミクロ・メゾ・マクロレベルの実践を整理することによって、ソーシャルワーク専門職が枠組みを意識できる。これによって、ミクロ・メゾ・マクロレベルの実践において誰が、誰を対象として、どのようにしてアプローチするのかといった実践内容が明確化され、実践することができるとしている。ただし、もともとミクロ・メゾ・マクロレベルの実践には互いに重なりあう部分があり、明確に分けることが難しいこともあり、明確に分けること自体が目的になってはならないと述べている。

　最後に、石川はA-PDCAメタ実践モデルのDOの部分にあたるミクロ・メゾ・マクロレベルの実践方法や技術、知識について、具体的に説明していない。PLANの段階で、ソーシャルワーク専門職自身が保有している方法や知識、技術をもとに方法論を選ぶことになる。方法や知識、技術の具体的な内容については記述されていないものの、メゾ・マクロレベル実践の例示として、連携や協働、ネットワーキング、チームアプローチ、会議、リーダーシッ

プ、運営管理、リサーチ、評価や効果測定、コミュニティ・デベロップメント、コミュニティ・オーガナイジング、講演会等による啓蒙活動、政治家への陳情やロビー活動、ソーシャルメディアの活用、デモ活動などが、ソーシャルワーク以外の分野でも一般的に活用されており、多種多様なものが含まれるとしている。この点については、今後のメゾ・マクロレベルでのソーシャルワークにおいて議論や検討を重ねるとともに、実践を記録し、積み上げていく取組みによって、ソーシャルワークの実践者と研究者が力を合わせて取り組んでいく課題といえる。

「コミュニティ介入のマルチモード」

　はじめに、「コミュニティ」について、改めて確認しておきたい。ロスマンは「コミュニティ」とは、地理的な要件に基づく地域社会のみを表すのではなく、アイデンティティおよび文化、信条や宗教、互いの関心事、何らかの目的に基づいてつくられたもの（アソシエーション）などのさまざまな共同性に基づくタイプのコミュニティのことを指していると説明している。

　ロスマンは、1968年に発表した「コミュニティ・オーガニゼーション実践の三つのモデル」（表2-3）を拡大・修正したバージョンとして、「コミュニティへの介入に関する複数の方策」を示している。

・ロスマンの三つの基本的な戦略

　ロスマンは、「計画／政策」「コミュニティの能力開発」「ソーシャル・アドボカシー」の三つの基本的な戦略を提唱している（表2-5）。

　「計画／政策」は、データに基づいた戦略である。データをはじめ経験的な事実によって明らかにされた真実が伝わることが説得力となり、その結果、解決策を提案・実行することにつながるとしている。

　「コミュニティの能力開発」は、問題の影響を受けている人々が知識やスキルを身につけることによって、彼ら自身の問題をよりよく理解し、問題を克服するために協働しようとするとき、最もよく変化を起こすことができると想定している。したがって、「コミュニティの能力開発」の戦略は、戦術への合意、そして媒介や成果としての社会的連帯があることによって成立すると述べている。

　「ソーシャル・アドボカシー」は、問題を引き起こしたり問題の解決を阻害したりする人々・制度に対しては、圧力を活用して活動を展開することが最善の方法とされている。

　表2-5 では、三つの基本的な介入戦略について、さまざまな視点から詳しく説明している。

・ロスマンの九つの介入方策

　ロスマンは、これら三つの基本的な戦略を組み合わせる3×3表を作成し、互いの戦略が

表2-5 実践の変数ごとの基本的な介入戦略

	計画／政策	コミュニティの能力開発	ソーシャル・アドボカシー
1．コミュニティ・アクションの目標	実質的なコミュニティの問題の解決（タスク・ゴール）	コミュニティの能力と統合；セルフヘルプ（プロセス・ゴール）	権力関係と資源の移動；基本的な制度の変革（タスク・ゴールかプロセス・ゴール）
2．コミュニティの構造や問題状況に関する前提条件	実質的な社会問題、心身の健康、住宅、レクリエーションなど	コミュニティの社会的なコンピテンシーの低さ；社会的インフラと問題解決能力の欠落	被害を受けた人々、社会正義、はく奪、不平等
3．基本的な変革の戦略	問題と最も論理的な行動の意思決定に関するデータ収集	ニーズ決定に広く様々な人々を巻き込むことと彼ら自身の問題解決能力開発	問題の解明と人々の動員による障害となるターゲットへの圧力
4．特徴的な変化の戦術とテクニック	合意か、コンフリクトか	合意；コミュニティのグループ間や利害関係者間でのコミュニケーション；グループディスカッション	コンフリクト、圧力、直接行動、交渉
5．主要な実践者の役割	事実の収集者、分析者；プログラムと政策のデザイナー；推進者	イネイブラー――カタリスト（触媒）；コーディネーター；問題解決スキルや論理的価値の教育者	提案者、支持者、扇動者、交渉人
6．変革の媒介	公的な組織を誘導することと、データを扱うこと	小さな課題志向のグループを誘導すること	現在進行中の活動組織を誘導することと、その場限りの大きな活動組織を動員すること
7．権力構造に対する志向性	雇用者やスポンサーとしての権力構造	メンバーの権力構造は共同事業の協働者	活動の外部にあるターゲットとしての権力構造
8．利益を受けるシステムの範囲	コミュニティ全体もしくはコミュニティの一部	地理もしくは関心に基づくコミュニティの全体	コミュニティの被害を受けている人々
9．コミュニティの部分間の利害関係に関する前提	調停可能、もしくは対立する利害関係	共通の利害関係もしくは調停可能な違い	簡単には調停できない対立した利害関係
10．受益者の考え方	利用者／クライエント	市民	被害者／活動家
11．受益者の役割の考え方	利用者もしくは受け手	相互作用的な問題解決プロセスへの参加者	雇用者、同志、メンバー
12．エンパワメントの活用	利用者はサービスニーズを表明する；利用可能なサービスの選択肢を知らされている	協調的で定型的な意思決定能力の構築；個人としての習得感を高めること	受益システムに対する客観的なパワーや資源の獲得、習得感を高めること

出典：Rothman, J., Erlich, L. E., Tropman, J. E. *STRATEGIES OF COMMUNITY INTERVENTION*, eddie bowers publishing co., inc., p.163, 2008. 筆者訳

表2-6 コミュニティへの介入の基本的戦略

	計画／政策 1	コミュニティの能力開発 2	ソーシャル・アドボカシー 3
1 計画／政策	1.1 主に計画／政策 根拠に基づく計画づくり	2.1 計画／政策による コミュニティの 能力開発計画された能力 開発	3.1 計画／政策による ソーシャル・アドボカシー 社会改革
2 コミュニティの 能力開発	1.2 能力開発による計画／政策 参加型計画づくり	2.2 主に能力開発 能力を中心にした開発	3.2 能力開発による ソーシャル・アドボカシー 連帯組織化
3 ソーシャル・ アドボカシー	1.3 アドボカシーによる 計画／政策 政策アドボカシー	2.3 ソーシャル・アドボカ シーによる能力開発 アイデンティティ活動	3.3 主にソーシャル・ アドボカシー ソーシャル・アクション

出典：Rothman, J., Erlich, L. E., Tropman, J. E. *STRATEGIES OF COMMUNITY INTERVENTION,* Eddie Bowers Publishing co., inc., p.143, 2008. 筆者訳

重なり合う九つの介入方策があることを示している（表2-6）。この表は、三つの主要な介入アプローチを連動させた結果を示している。九つの介入方策のうち1.1・2.2・3.3の三つは前述した基本的な介入戦略を優先して活用する単一型の方策であり、その他の六つは二つの戦略を複合させて活用する複合型の方策である。この複合させて活用する方策を表すセルに含まれる戦略のうち、左側に書いてある数字の戦略が若干優先されるとし、計画／政策、コミュニティの能力開発、ソーシャル・アドボカシーにはそれぞれさまざまな形態があることを示している。

　そして、表2-7は、九つすべての介入方策についてそれぞれ、表2-6のセル番号ごとに、単一型の方策か、何と何が複合した方策か、そしてそれぞれの介入の方策に対して、コアになる実践方法やアプローチは何かが示されている。

　ロスマンは、ここに示されている全体的な枠組みは、コミュニティおよびマクロレベルの実践を分析し、記述するために選択し得る方法の一つに過ぎないとして、九つの枠組みの見方には限界もあることを認めている。しかし、基本的な介入戦略を複合して活用する際に、それぞれの戦略をどの程度強調するかを調整することで、無数のバリエーションを生み出すことができるとも述べている。

「マクロ実践の五つの領域」とコンピテンシー

　ギャンブルは、ロスマンの研究蓄積をもとに、マクロレベルでの実践を「開発」「組織化」

表2-7 介入の方策（単一型と複合型）

計画／政策（データ活用による問題解決）

	セル番号	介入の方策	実践アプローチ
主に計画／政策	1.1	根拠に基づく計画づくり	介入においてデータ利用を優先させる
実質的な能力開発による計画／政策	1.2	参加型計画づくり	介入のデザインづくりと実行における市民とクライエントの参加
実質的なソーシャル・アドボカシーによる計画／政策	1.3	政策アドボカシー	内部のチェンジ・エージェントによる介入のデザインづくりと促進

能力開発（グループのコンピテンシーと連携の形成）

	セル番号	介入の方策	実践アプローチ
主に能力開発	2.2	能力中心の開発	当事者自身による問題解決を通したコンピテンシー形成
実質的な計画／政策による能力開発	2.1	計画された能力開発	事前に作成された計画によるコンピテンシー形成
ソーシャル・アドボカシーによる能力開発	2.3	アイデンティティ活動	活動家の圧力を介したコンピテンシー形成

ソーシャル・アドボカシー（変化を引き起こすための圧力の活用）

	セル番号	介入の方策	実践アプローチ
主にソーシャル・アドボカシー	3.3	ソーシャル・アクション	闘争型戦術による圧力
計画／政策によるソーシャル・アドボカシー	3.1	社会改革	変化に向けたツールとしてのデータの活用
能力開発によるソーシャル・アドボカシー	3.2	連帯組織化	変化に向けた「てこ」としてのメンバーの連帯の活用

出典：Rothman, J., Erlich, L. E., Tropman, J. E. *STRATEGIES OF COMMUNITY INTERVENTION,* eddie bowers publishing co., inc., p.144, 2008. 筆者訳・一部改変.

「計画」「変革」の四つの領域と八つの実践モデルに整理したウェイルとの議論を経て、マクロレベルでの実践を「組織化」「計画化」「協働」「持続可能な開発」「進歩的変革」という五つの実践領域に整理し直した。この五つの実践領域に対応させる形で、ソーシャル・アドミニストレーションとコミュニティ・オーガニゼーションにかかわるコンピテンシーを示したのが **表2-8** である。

　このコンピテンシーをどのように定義するかはさまざまだが、室田は CSWE の定義から

表2-8 マクロ実践の領域とコンピテンシーの関係

	ソーシャル・アドミニストレーション	コミュニティ・オーガニゼーション
組織化	1．コミュニティにおけるサービスおよびプログラムの組織化	6．コミュニティ団体の組織化
計画化	2．ヒューマンサービス・プログラムの計画と評価、モニタリング	7．地域開発戦略の計画、モニタリング、評価
協働	3．非営利組織、公的機関、民間組織における協働のための戦略	8．属性や関心に関わる集団（テーマ型コミュニティ）の協働のための戦略
持続可能な開発	4．組織開発	9．地域における社会的、経済的、持続可能な開発
進歩的変革	5．社会正義と人権のための組織内変革およびコミュニティにおける変革	10．社会、経済、環境面の福祉向上において求められる政策実践の原則

出典：室田信一「アメリカの社会福祉教育とマクロ実践のコンピテンシー」『人文学報』第469巻, p.318, 2013年

「知識、価値、技術からなる測定可能な実践態度」[12] と定義している。つまり、 表2-8 にあげている項目をマクロ実践のソーシャル・アドミニストレーションおよびコミュニティ・オーガニゼーションそれぞれについて、五つの実践領域で求められる知識、価値、技術ととらえ、それらを実践できることがマクロレベルでの実践を展開するうえで必要であると理解することができる。

▮三つの枠組みを紹介することで目指したこと

　本節で紹介したメタ実践モデル、基本的な介入戦略、コンピテンシーそれぞれの詳細については、ほかの文献をもとに改めて学ぶ必要がある。この節では、マクロソーシャルワークの実践に関連するメタ実践モデル、戦略、コンピテンシーの視点から、その枠組みを概観した。これらの枠組みを参考にしながら、マクロソーシャルワークをどのように活用可能か、検討することができるだろう。

　石川が示したように、まずはメタ実践モデルを用いた ASSESSMENT によってミクロ・メゾ・マクロのどのレベルで実践するか検討するプロセスが重要である。そして、四つのシステムから見た三つの実践レベルを活用して、PLAN によって誰が、誰を対象として、どのようにしてアプローチするのかといった実践内容を明確化し、実践することができる。

　マクロレベルの実践の戦略と実施を検討する際には、ロスマンが示した「コミュニティ介入のマルチモード」を参考に三つの基本的な介入戦略を複合させ、その組み合わせや強調する度合いを考えることによって実践のバリエーションは無数であり、問題状況に応じたアプ

ローチの内容を検討することができる。

　ギャンブルが整理した五つの実践領域のソーシャル・アドミニストレーションとコミュニティ・オーガニゼーションそれぞれに関するコンピテンシーをもとに、マクロレベルでのアプローチを実践するために求められる知識、価値、技術として何が必要かを理解し、それを身につけようとすることができる。

　ここにあげたマクロソーシャルワークに関連する枠組みは、すでに提唱されているさまざまな理論枠組み等からみれば、ほんの一部だろう。また、マクロ実践のとらえ方やミクロ・メゾ・マクロレベルの実践の便宜的な分け方はさまざまに示されている。ここでは十分に取り上げることもできず、また、多くの人が合意できる見解を示すこともできていない。

　それでも今、ソーシャルワーク専門職のマクロ実践について取り上げ、学ぶことに意味があると思う。マクロ実践に取り組む際の価値や倫理、枠組み、知識、技術を学び、それらに基づいてソーシャルワーク専門職としての使命を果たしていくことが期待されている。

引用文献 ··

1）石川久展「わが国におけるミクロ・メゾ・マクロソーシャルワーク実践の理論的枠組みに関する一考察：ピンカスとミナハンの4つのシステムを用いてのミクロ・メゾ・マクロ実践モデルの体系化の試み」『Human Welfare』第11巻第1号，pp.25-37，2019年

2）Rothman, J., & Mizrahi, T. *Balancing Micro and Macro Practice: A Challenge for Social Work. Social Work*, 59（1），pp.91-93，2014.

3）Netting, F. E. *Macro Social Work Practice, Encyclopedia of Social Work*, NASW, 2008.

4）Rothman, J., Erlich, L.E., Tropman, J.E. *STRATEGIES OF COMMUNITY INTERVENTION*, Eddie Bowers Publishing co., inc., pp.141-170, 2008.

5）CSWE Introduction, *SPECIALIZED PRACTICE CURRICULAR GUIDE for MACRO SOCIAL WORK PRACTICE*, 2015 EPAS Curricular Guide Resource Series, xix-xxvi, 2018.

6）Bruegge mann, W. G. *The practice of MACRO SOCIAL WORK FOURTH EDITION*, Brooks/cole, Cengage Learning, p.8, 2014.

7）Netting, F. E. Kettner, P. M. McMurtry, S. L. Thomas, M. L. *Social Work Macro Practice SIXTH EDITION*, PEARSON, 2017.

8）岡本民夫「マクロ・ソーシャルワーク」京極高宣監修『現代福祉学レキシコン』雄山閣出版，p.168, 1993年

9）小山隆「社会福祉実践の枠組み⑤形態」仲村優一・一番ケ瀬康子・右田紀久恵監修『エンサイクロペディア社会福祉学』中央法規出版，p.624, 2007年

10）高森敬久・高田真治・加納恵子・定藤丈弘『コミュニティ・ワーク──地域福祉の理論と方法』海声社，p.116, 1989年

11）野口友紀子「戦後日本の社会福祉にみる『地域組織化』の生成過程──1945-60年のコミュニティ・オーガニゼーションの議論から」『社会事業史研究』第49号，pp.19-33，2016年

12）室田信一「アメリカの社会福祉教育とマクロ実践のコンピテンシー」『人文学報』第469巻，pp.309-336, 2013年

13）Pincus, A., & Minahan, A., *Social Work Practice : Model and Method*, F. E. Peacock Publishers, 1973.

第 **3** 章

マクロソーシャルワークの展開と過程

第 **1** 節　マクロソーシャルワークの展開と過程の枠組み

　本章では、ソーシャルワークの実践がどのように展開するのか、またどのような過程のもとで進められるのか、事例をもとにしてマクロレベルを中心にみていく。

ソーシャルワーク実践の基盤となる視座

　ソーシャルワークの展開と過程においては、ミクロレベル、メゾレベル、マクロレベルのどこが起点になるかにかかわらず、ソーシャルワーク専門職のグローバル定義を意識しておく必要がある（第1章第1節参照）。日本における展開として、「多様な文化を尊重した実践」や「社会への変革と社会的包摂の実現」といった文言が並ぶことから、ソーシャルワークの実践を行う際、特に社会への変革、社会的包摂、シームレスといった視座が不可欠になってきているのがわかる。

ソーシャルワーク実践のプロセス

　ソーシャルワークにおける実践のプロセスはどのようになっているのか。

　石川は、「ミクロ・メゾ・マクロソーシャルワーク実践は互いに不可分の連続性の関係にある」[1]　としている。

　ミクロレベルである支援のプロセスとして、一般的には、ケースの発見に始まり、インテーク、アセスメント、プランニング、インターベンション（介入）、モニタリング、ターミネーション、アフターケアなどがある。こういったある一定のモデルを多くのソーシャルワーカーは養成時に学び、実践の場でも活用してきた。ただし、これは単純に一方向に進むとは限らない。実際にインターベンションの段階でうまくいかないのであれば、アセスメントの段階に戻ることもある。支援対象である利用者のニーズとのミスマッチが起きていないかを精査することや、利用者を取り巻く環境について見直すことなどにより、再度、支援計画を練り直すことも必要になる。とはいえ、この一連の流れがある程度の共通モデルとして浸透していることから、今どの段階の支援を行っているのかの目安となることは間違いない。

　ここで問題となるのが、メゾレベル、マクロレベルといった対象が個人ではない場合の支援の際にこのモデルを直接あてはめることが難しいため、メゾレベル、マクロレベルで取り組む際の枠組みを見失ってしまうということである。そこで、第2章において、実践レベル

を決定する作業のための枠組みとしてあげられている「A-PDCA メタ実践モデル」を用いて、支援のプロセスを考えることを再検討してみたい。

　支援の実施にあたってうまくいかない場合は、最初におかれているアセスメントが重要となり、ミクロレベル・メゾレベル・マクロレベルのどのレベルでの実践を意図して行うことがふさわしいのか、またどういった実践を行うのが効果的なのかを絶えず考えながら支援を組み立てていくことが求められているのがわかる。

　また、第2章にもあるように、ピンカスとミナハンをベースにした石川の「四つのシステムからみた三つの実践レベル」のような枠組みを意識しつつ、自分の行っている実践がどのレベルのどのシステムに基づいているのかを意識して取り組むことがのぞまれる。この場合、単に区切るということ自体が重要ではなく、フィールドによってはメゾやマクロなど複数のレベルでの支援展開、複合的で重層的な支援展開がのぞまれている場合もあることも十分に意識して実践に取り組むことが必要になる。

　ソーシャルワーク実践における展開と過程では、課題意識をもちつつ、実際の支援では、ミクロレベルを起点とした展開と過程、メゾレベルを起点とした展開と過程、マクロレベルを起点とした展開と過程といったどのレベルでの支援が有効であるのかを意識して取り組む必要がある。また、どのレベルでの支援においても、実際の展開と過程においては、課題の解決に向けてスムーズに直線的に進むとは限らないことを念頭においておくことが重要である。らせん階段状に進む場合もあれば、戻りながら少しずつ進む場合、最初に立ち返りながら進む場合など、それぞれの状況によって展開と過程は異なる。

　次節以降は、三つの実際の事例報告と解説を付記していくこととする。

　事例1「制度を超えた24時間ホームヘルパー派遣事業の実現過程」は、一人の障害のある人への支援というミクロレベルの実践から、夜間のホームヘルパー派遣事業を支える補助制度の創設や24時間ホームヘルパー派遣事業の実施というマクロレベルの実践につながった事例である。利用者本人のニーズを丁寧にくみ取り、それにより、さまざまな機関の関係者による検討会議を経て、障害者や高齢者といった対象の区別のない支援の実施につなげた取組みについて、ソーシャルワーク専門職の動きを学べる好事例となっている。

　事例2「みま～も（高齢者見守りネットワーク）構築の実践」は、都市部における高齢者の孤立を防ぐ取組みであり、メゾレベルからマクロレベルにつながった実践である。地域住民を中心とした日頃の暮らしのなかで高齢者の変化に気づく「気づきのネットワーク」と、これをもとに専門職を中心にした包括的・継続的支援を実施する「支援のネットワーク」からなる地域主体の取組みが特徴であり、これを手本とした同様の取組みが全国各地に広がっている。

事例3「多文化共生、国内におけるイスラム文化への差別・偏見をなくす実践」は、多文化共生社会を意識したマクロレベルの取組みである。社会福祉士等へ向けた研修としてモスクへの見学ツアーの実施等で異文化に触れ、その後の実践への波及効果も示されている貴重な事例となっている。特に今回、一つの県の社会福祉士会という職能団体として、どのように継続的な取組みとして行っているのかも興味深い点となっている。

　このように先駆的な取組みの事例を取り上げてあるが、この事例提供者がスペシャルで自分の実践とはかけ離れているという視点ではなく、実践にあたっての工夫やコツは何なのか、ある種の謎解きのようにして読み進めていただきたい。これから実践の場に出向く人、すでに実践を行っている人、また福祉の専門職以外の人にも、それぞれ自分の実践のなかで活かせることが見つかるのではないかと考える。

引用文献

1）石川久展　「わが国におけるミクロ・メゾ・マクロソーシャルワーク実践の理論的枠組みに関する一考察──ピンカスとミナハンの4つのシステムを用いてのミクロ・メゾ・マクロ実践モデルの体系化の試み」『Human　Welfare』第11巻第1号，pp.25-37，2019年

参考文献

・公益社団法人日本社会福祉士会 HP　「ソーシャルワーク専門職のグローバル定義」「ソーシャルワーク専門職のグローバル定義の日本における展開」　2017年　https://www.jacsw.or.jp/06_kokusai/index.html#kokusaiiinnkai
・公益社団法人日本社会福祉士会『厚生労働省平成30年度生活困窮者就労準備支援事業費等補助金社会福祉推進事業　ソーシャルワーク専門職である社会福祉士のソーシャルワーク機能の実態把握と課題分析に関する調査研究事業　報告書』2019年3月

第 2 節 マクロソーシャルワーク実践事例

事例 1 制度を超えた 24 時間ホームヘルパー派遣事業の実現過程

■ はじめに

　介護保険制度が開始された 2000（平成 12）年、Ｚ市では障害者・高齢者を分けずに支援する 24 時間ホームヘルパー派遣事業の体制を整備した。また、夜間のサービス提供体制を安定させるため、24 時間ホームヘルパー派遣事業を支える補助制度を創設した。そのきっかけは、一人の障害のある女性Ａさんの希望だった。ミクロな個別支援が社会資源を生み出し、夜間のホームヘルパー派遣を必要とする人たち共通のマクロな社会資源として一般化された経過を報告する。

1 24 時間ホームヘルパー派遣開始の背景

　私は、1982（昭和 57）年に学校を卒業後、公立の重度知的障害者の入所施設に就職し支援員をしたが、4 年後に退職し、民間社会福祉法人の障害児通園施設に転職した。その後、同法人のグループホームの住み込みの世話人をしながら、障害児者の在宅生活を支える「レスパイトサービス」を担当し、1996（平成 8）年から障害者相談支援事業の相談員となった。さらに、1999（平成 11）年にＺ市社会福祉協議会が、相談と「レスパイトサービス」が一体となった障害者生活支援センターを市から委託を受けて開設することになり、事業の立ち上げを担うためＺ市社会福祉協議会に移籍することになった。

　Ｚ市は、人口 9 万人の地方都市で、当時は障害者・高齢者のホームヘルパー派遣は措置制度で行われており、多くの市がそうであったように、Ｚ市が直営で行っていた。その体制は、正職員のヘルパー 2 名と非常勤職員のヘルパー 4 名。月曜から金曜の 9 時から 5 時までの派遣で、利用者のほとんどは高齢者であった。

　Ｚ市は、2000（平成 12）年の介護保険制度開始に合わせて、市が直営

第 3 章　マクロソーシャルワークの展開と過程　　71

で行っていたホームヘルパー派遣を廃止し、介護保険については市社会福祉協議会を含めた指定事業者に移行させ、障害者については市から社会福祉協議会に委託して行わせることを計画していた。私は、そのホームヘルパー派遣事業の準備も担当することになった。

2 「レスパイトサービス」からの学びと社協への移籍

　1982（昭和57）年に障害児通園施設で保育の仕事をしていた頃、「お泊まり保育」という行事があった。通園施設は保護者の付き添いがない単独通園が基本で、就学前の3歳から6歳の知的障害のある子どもに加えて、肢体不自由と知的障害を重複している子どもも通ってきていた。

　親たちは、重い障害をもって生まれた子どもたちの子育てに必死の毎日を送っている。通園施設は、子どもたちの成長の場であるとともに、親たちにとっては、日中に子育て以外の時間を確保するための役割を果たしていた。そして、年1回の行事である「お泊まり保育」がやってくる。親たちにとっては、子育てから離れて一晩を思いどおりに過ごすことができる貴重な機会になっていた。日々通園施設でかかわっている職員が子どもたちと一緒に泊まるため、親たちも安心して夜を任せることができる。その晩は、友達になった親同士でカラオケに行ったり、飲み会を開いたり、夫婦でデートしたり、夜の観光バスツアーに参加したりと、普段にはない特別な夜を思い切り楽しみ、翌日からまた元気に子育てに向かうことができる機会になっていた。そして、「お泊まり保育」拡大のニーズが高まっていった。

　私が勤めていた民間社会福祉法人では、そのニーズを受け止めて、1992（平成4）年から「レスパイトサービス」を開始することとし、私が担当になった。当時は、何の制度もなかったため、5人定員のグループホームに「お泊まり」用の部屋と職員の居室を加えた家を新築し、私が自分の家族と住み込み、世話人をしながら、通園施設に通う子どもや卒園生たちを対象に「お泊まり」や日帰りの利用、自動車による送迎、外出の付き添いなど、利用者の希望に応じて24時間365日、個別にサービスを提供した。サービスの利用は事前予約制とした。「お泊まり保育」のニーズから出発したサービスだったため、宿泊の利用が多いことを予想していたが、始めてみると、日帰りの利用が多数を占めた。親の用事などで子どもをみるこ

とができない時間だけの利用や、休日に本人と一緒に遊びに行ってきてほしいという依頼が多く寄せられた。利用時間中に何をして過ごしたいか、食事は何を食べたいかなど、本人や親から聞き取り、一人ひとりに合わせた過ごし方をすることが基本になっていった。

　あるとき、家族全員で遊園地に遊びに行くために、障害のある本人の介助者として付き添うことを頼まれた。ほかにも小さいきょうだいがいて、親だけでは障害のある子どもも一緒に連れて楽しんでくることが難しいということだった。遊園地は大勢の人出で賑わっていた。私は、障害のある本人の車いすを押しながら、家族について移動した。人気のあるアトラクションは長い列をつくって順番待ちとなっている。その最後尾に並んだとき、親から本人を連れて順番が来るまで遊んできてほしいと言われ、行こうとしたそのとき呼び止められた。「今日は、楽しい思い出をつくりに家族全員で遊園地に来ました。でも、順番待ちの間に子どもと介助者で遊びに行ってしまうと、家族は離ればなれになってしまう。だから、やっぱり並ぶ役をしてもらえませんか」。一瞬、言われたことが理解できなかった。私の役割は、障害のある本人の介助をすることだと思っていた。しかし、この場面では、家族が一緒に楽しく過ごすという目的のためには、私が本人の介助をするのではなく、順番待ちのために並ぶ役をしたほうが希望にかなっていたのだ。目的と手段を理解した私は、順番待ちで並ぶ役を引き受けた。本人を含めた家族は、順番がくるまでの時間を楽しむために、その場から人混みのなかに消えていった。

　このような体験をすることで、私は「生活支援」とは何かについて考えるようになった。そして、「生活は本人のもの」という当たり前の答えにたどり着いた。利用者のニーズは支援者側が考えるものではない。支援者は利用者の希望に合わせて支援することが役割だ。それまで、利用者を頭の上から見ていたのが、ぐるっと回って足の下から見るような感覚だった。利用者が決めた生活にサービスが合わせること、これが、私の支援に対する基本的な姿勢になっていった。

　そんな折、Ｚ市で、障害者相談支援事業と「レスパイトサービス」を一体にした、障害者生活支援センターを事業化する計画がもちあがり、私が勤めていた民間社会福祉法人に委託したいという打診がＺ市からあった。しかし、法人はそれを辞退した。民間社会福祉法人に委託した場合、その

事例①の根底にある価値・倫理。
▶第３章 p.86 参照、第４章 p.137 参照。

法人のサービス利用者にとっては身近で利用しやすくなるが、それ以外の法人のサービス利用者にとっては、距離ができて利用しにくくなる場合がある。中立性のある社会福祉協議会に委託することを提案した。そのため、Z市は障害者生活支援センターを社会福祉協議会に委託することにした。しかし、当時の社会福祉協議会は、市役所から出向した常勤職員と、地域福祉を担当する非常勤職員で運営されており、障害者を支援するサービスの経験者がいなかった。そこで、私が勤務していた法人から経験者を移籍させることが求められた。1999（平成11）年、それに応じて、私はZ市社会福祉協議会に移籍することになった。

3 一人暮らしの希望と24時間ヘルパー派遣

　脳性麻痺があり、車いすを利用している女性のAさんは、肢体不自由児特別支援学校の卒業生だった。Aさんの母親は特別支援学校の保護者会で活発に活動し、障害者の作業所をつくる資金を集めるための物品販売も積極的に行っていたので、民間社会福祉法人の通園施設に勤めていたころから顔を合わせる機会が度々あった。Aさん一家は戸建ての家に住んでおり、Aさんの成長に合わせてバリアフリーに改修し、部屋から外への出入りのために電動昇降機を設置して、大人になったAさんの車いす生活に対応した環境を整えていた。

　1999（平成11）年Z市で、国が1998（平成10）年から開始した「障害者介護等サービス体制整備支援試行的事業（身体障害者）」を行うことになった。障害者ケアマネジメントをモデル的に行う事業で、私も障害者ケアマネジメント従事者としてAさんを担当することになった。それまでは、Aさんの母親との接点のほうが大きかったが、これを機会に、Aさん本人とのかかわりが増えていった。

事例①の起点。
▶第3章 p.86
参照。

　ある日、Aさんは「私は、一人暮らしがしたい」と自分の気持ちを話し始めた。「母は作業所づくり運動を積極的に担い、車いすで生活しやすいように家をバリアフリー化してくれて感謝している。でも、自分の意見と母親の意見が衝突したときに、本気で自分の主張を訴えてケンカすることができない。ケンカして物別れになった直後にトイレに行きたくなったらどうしよう。その時に今ケンカしたばかりの相手にトイレ介助を頼まなくてはならない気持ちが分かりますか？」Aさんは続けた。「私が一人暮ら

しをするためには、夜間家に来てくれる介助者が必要です。でも、Ｚ市の
ホームヘルパーは、平日の日中しか派遣がない。これでは、一人暮らしは
できないですよね」。Ａさんの一人暮らしへの希望を、私は「知ってしまっ
た」という思いで聞いていた。Ａさんが決めた生活に支援者が合わせる、
それが私の役割だと考えていたため、知ってしまったからには、実現に向
けて取り組まなければならない。

「レスパイトサービス」は予約制で臨時的な需要に応えるサービスであ
るため、夜間の介助を毎日継続して提供することができるホームヘルパー
の新たな派遣体制が必要だった。しかし、措置制度による市直営のホーム
ヘルパー派遣は平日の日中しか行われていなかった。私は社会福祉協議会
の障害者生活支援センター開設のかたわら、2000（平成12）年に開始さ
れる介護保険制度におけるホームヘルパー派遣事業と、Ｚ市からの措置制
度による障害者ホームヘルパー派遣事業の委託を受けるための準備も担当
していた。これを活用して、ホームヘルパーを24時間体制で派遣する工
夫を考えた。

「代弁・社会変革機能」を果たすために必要な主な知識・技術。
▶第4章p.138参照。

4 市民福祉プランの宿題

1995（平成7）年、総理府（現内閣府）障害者対策推進本部は障害者プ
ランを発表した。ノーマライゼーション7カ年戦略というサブタイトルが
つけられたこの計画は、障害のある人々が社会の構成員として地域のなか
で共に生活を送れるよう、住まい・働く場・活動の場や必要な保健福祉サー
ビス等が的確に提供される体制の確立などを骨子とする理念とともに、
1996（平成8）年から2003（平成15）年の7年間のサービス提供量の目
標値を示し、市町村に計画策定の努力義務を定めた。

Ｚ市では、1997（平成9）年に障害者プランの策定委員会が立ち上がり、
その当時、民間社会福祉法人の障害者相談支援事業の相談員だった私は、
検討のワーキングチームのメンバーとして、計画の素案づくりにかかわる
ことになった。障害分野の関係者のほか、高齢者、児童、学校教育関係者、
保健所も加わった。ワーキングチームでは、最初は障害者福祉の充実を目
指した話し合いが行われた。しかし、回を追うごとに、障害者福祉の充実
を目指した計画は、障害者のための計画となり、障害のない人にとっては
「他人事」になってしまうのではないか、すべての市民が「自分事」とし

「代弁・社会変革機能」を果たすために必要な主な知識・技術。
「機会の最大限の活用」
▶第4章p.139参照。

て考えることができるような計画が、ノーマライゼーションの実現にとって必要なのではないか、という方向に変わっていった。そして、たどり着いたのは、障害のある人は継続的に支援が必要な状態だが、障害のない人も、けがや病気などで一時的に支援が必要な状態になる場合がある。この計画では、継続的な支援が必要な障害のある人はもちろん、障害のない人が一時的に支援が必要な状態になっても支えられる仕組みをつくり、障害のある人もない人も、市民みんなが安心して生活することができる町づくりを、ノーマライゼーションの町づくりとして目指していこう、という理念だった。この計画は、「障害者プラン」ではなく「市民福祉プラン」と名づけられ、1998（平成10）年にＺ市の行政計画として公表された。

「市民福祉プラン」の考え方は、当時は一般的に使われていなかった「共生社会」につながるもので、関係者からも評価されたが、その理念を実体化する具体的な施策をどうするのかが、宿題として残された。

「代弁・社会変革機能」を果たすために必要な主な知識・技術。「Win-Win の関係性の構築」
▶第 4 章 p.139 参照。

⑤ 障害者・高齢者を一元化した支援体制の模索

Ａさんの希望を知った私は、社会福祉協議会のホームヘルパー派遣事業を工夫して、Ａさんの一人暮らしの実現に向けた対応策を考えていた。

Ｚ市の現業職員としてはたらいていた 6 人のホームヘルパーが、社会福祉協議会に移籍してくることが決まった。一方、社会福祉協議会では、ホームヘルパー養成研修を修了した人たちを有償ボランティアとして登録し、住民参加型在宅福祉サービスに活用して相当数の在宅高齢者を支援していた。この利用者の多数が介護保険制度に移行することが見込まれたため、ホームヘルパーの資格をもつ約 80 人の有償ボランティアに介護保険事業の登録ヘルパーとして勤務してもらう必要があった。介護保険事業で見込まれる報酬で新たに正職員のホームヘルパーを採用し、市から移籍する 6 人と 80 人の登録ヘルパーで障害者・高齢者を分けずに一元化した派遣体制をつくることができれば、24 時間 365 日、障害者・高齢者を問わず、必要な人に必要な時間ホームヘルパー派遣ができ、Ａさんの希望も実現することができるのではないかと考えた。

しかし、Ｚ市からは、市から移籍するホームヘルパーは措置制度の障害者ホームヘルパー派遣事業を担当し、介護保険事業については、登録ヘルパーを含む社会福祉協議会が直接雇用するホームヘルパーで対応するよう

求められた。措置制度による委託費と社会福祉協議会の自主事業である介護保険事業の報酬は、会計上分けて管理する、ということが理由だった。

　また、私の配属先であった障害者生活支援センターは、市が新たに建物を建設し、社会福祉協議会に管理させたものだったが、市からの委託による障害者ホームヘルパー派遣事業の事務所として使うことはよいが、社会福祉協議会の自主事業である介護保険制度によるホームヘルパー派遣事業の事務所として貸すことはできないため、介護保険事業の事務所を社会福祉協議会事務局がある建物に設置するよう求められた。

　障害者ホームヘルパー派遣事業の担当ヘルパー6人だけでは、24時間派遣どころか平日派遣するのがやっとだろう。それでは、Aさんの一人暮らしを実現することはできない。これらの課題を解決する必要があった。

6 先進地の事例に学ぶ

　全国には、介護保険制度が始まる前の措置制度の時代から、ホームヘルパー派遣を積極的に行っている自治体があった。その一つであったY県X市を訪ねた。X市は、社会福祉協議会に障害者・高齢者のホームヘルパー派遣事業を委託していた。X市はいくつかの町村を合併し、広大な面積を有する全国有数の米作地帯で、旧市町村単位で当時の在宅介護支援センターに保健師を配置して住民の相談を受けるとともに、地区社会福祉協議会が大勢のホームヘルパーを雇用し、地区内の障害者・高齢者を分けることなく365日派遣する体制を整えていた。

　その体制づくりを推し進めてきたのが、X市福祉部長だったB氏であった。B氏は住民の福祉サービスの提供基盤に社会福祉協議会を据え、行政のなかで体制づくりの陣頭指揮をとっていた。また、自ら社会福祉士の資格を第1回の国家試験で取得し、市役所職員に対して資格取得を勧め、国家試験対策講座まで行っていた。

　障害者・高齢者を分けないホームヘルパー派遣を提案する際に言われたことの一つに「障害者支援の専門性」の問題があった。障害特性に関する専門性がない高齢者対応のホームヘルパーに障害者支援ができるのか、という疑問である。確かに、「レスパイトサービス」のように、さまざまな障害種別の利用者が登録し、毎回違う利用者への対応が求められるような場合は、幅広い障害特性に対する知識と経験が求められるかもしれない。

「代弁・社会変革機能」を果たすために必要な主な知識・技術。「スーパービジョンの活用」
▶第4章 p.140参照。

しかし、ホームヘルパーは、固定した利用者に定期的に会って支援する。その場合に必要とされるのは、障害特性の知識よりも、「その人」の生活をよく理解することではないだろうか。「生活は本人のもの」であり、「身体障害者の生活」「知的障害者の生活」「精神障害者の生活」という障害種別の生活というものはない。だとしたら、ホームヘルパーは、利用者が障害者であっても高齢者であっても、個別の「その人の生活」に対する専門性があればよいのではないか。これは、頭のなかではそう考えても、実際にそれが通用するのかは確信がもてなかった。X市のホームヘルパー派遣の取組みは、障害者・高齢者を分けない体制づくりとともに、「専門性」の考え方についても確信を与えてくれた。

事例①の根底にある価値・倫理。
▶第3章 p.86参照。

コミュニティへの介入の基本的戦略「計画された能力開発」
▶第3章 p.87参照。

7 ホームヘルプサービス検討会議の設置

　X市の先進地視察でホームヘルパー派遣体制の方向性について確信をもつことができたが、問題は市役所と社会福祉協議会のなかで理解を得て合意を形成することだった。そして、ホームヘルパー派遣の方法に関する検討会議が、市役所担当課と社会福祉協議会事務局をメンバーとして設置され、以下の実現に向けた話し合いがもたれた。

コミュニティへの介入の基本的戦略「社会改革」
▶第3章 p.87参照。

①介護保険制度に基づき、社会福祉協議会が指定を受けて行うホームヘルパー派遣事業と、措置制度に基づきZ市から社会福祉協議会が委託を受けて行う障害者ホームヘルパー派遣事業で稼働するホームヘルパーを一体として活用し、障害者・高齢者を問わず、24時間365日のホームヘルパー派遣が可能となる体制を整備すること

②登録ヘルパーの人件費は、介護保険利用者への派遣の際は社会福祉協議会の介護報酬から支払い、障害者への派遣の際はZ市からの委託費から支払い、会計を区分すること

③正職員のホームヘルパー人件費や事務経費などの共通経費については、業務量に応じて按分して支出すること

④ホームヘルパー派遣事業の事務所は、業務の指示やホームヘルパー相互の情報共有を一元化するため障害者生活支援センターに置くこと

⑤市民福祉プランの理念を具体化するため、けがや病気で制度の対象にはならないものの、一時的に支援が必要な人や、制度の対象になっても、庭の草取りや大掃除、ペットの世話など制度の対象にならない支援が必要な人は、住民参加型在宅福祉サービスの有償ボランティアが利用できるよう運用し、支援が必要な状態になったすべての市民が安

「代弁・社会変革機能」を果たすために必要な主な知識・技術。「価値・倫理への回帰」
▶第4章 p.140参照。

心して生活することができる支援体制を構築すること

図3-1 障害・高齢・住民参加型を一体にしたヘルパー派遣体制の概念図
介護保険ヘルパー・障害児者ヘルパー・住民参加型在宅福祉サービスの役割分担図

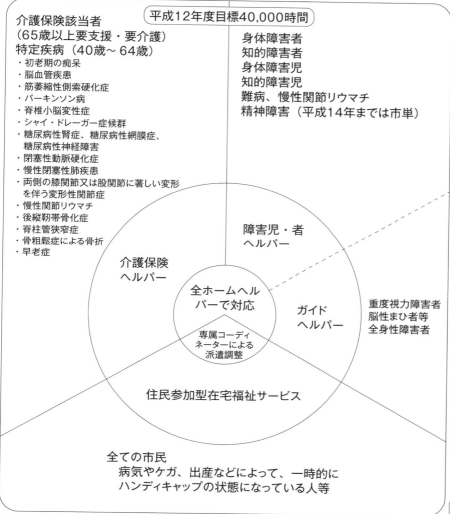

資料：「Z市ホームヘルプサービス事業検討会議報告書」1999年12月

検討会議では、1994（平成6）年度厚生労働省社会福祉関係主管課長会議資料、1995（平成7）年度全国民生主管部局長会議資料、1996（平成8）年度社会・援護局主管課長会議資料、1997（平成9）年度全国民生関係主管部局長会議資料、障害保健福祉部主管課長会議資料の中で、「ヘルパーの派遣回数等は、利用者の日常生活上のニーズに応じて決定されるべきものであり、画一的に決定すべきものではない」こと、「高齢者サービ

「代弁・社会変革機能」を果たすために必要な主な知識・技術。
「海外、国・都道府県・市町村等のあらゆる計画・動向の把握と活用」
▶第4章 p.138 参照。

ス調整チームにおいて身体障害者を含めたサービスの調整を行っている市町村もある」こと、「身体障害者の多様なニーズに対応するためには、早朝、夜間、休日等における対応が大きな課題である。ついては、ヘルパーの量の確保とともに勤務体制の弾力化、委託制度の活用等により、課題の解消に向けて積極的な取組みを行う必要がある」こと、「多様な身体障害者のニーズに最大限に対応できる実施体制の構築に努めること」などが繰り返し示されていることを共有した。また、新ゴールドプラン、障害者プランで示された国のホームヘルパー整備目標をＺ市の人口で割返した目標値から、**Ｚ市の達成率が９％にしか過ぎないことを試算、具体的な目標時間数を達成するためには、介護保険制度と障害福祉制度を一体にした派遣体制が有効であることを提示**した。さらに、当時高齢者のホームヘルパー派遣で全国的に目覚ましい取組みをしていたほかの自治体が社会福祉協議会を拠点にホームヘルパー派遣をしていたことから、その実施状況や運営面の情報を収集して検討した。また、登録ヘルパーの業務報告や就業規則の検討、公設施設の管理に関する規則の洗い直しなど、市民福祉プランの具体化に向けて対応を検討した。**検討会議の報告書は、資料も含めると厚さ５センチほどにもなった。**そして、提案に沿った障害者・高齢者を分けない24時間365日のホームヘルパー派遣事業を開始することができることになった。ようやく、Ａさんの一人暮らしの希望を実現するための基盤をつくることができたのだった。

「調査・計画機能」を果たすために必要な主な知識・技術。「根拠（エビデンス）の発信」▶第４章 p.142 参照。

⑧ 窮地に立った夜間ホームヘルパー派遣

　夜間のホームヘルパー派遣体制が整ったことを知り、Ａさんは、一人暮らしがしたいことを親に打ち明けた。すでに自宅はバリアフリーに改修し、出入り口には電動昇降機を設置して、自宅で生活し続けるものと思い込んでいたところに、一人暮らしを心配する親心も加わって、親子には相当な葛藤があったと聞いた。しかし、最後は本人が意思を貫き、親も同意したそうだ。

　Ａさんが新たな住まいの候補として考えていたのは、公営住宅であった。原状回復を前提にバリアフリーの改修が認められること、障害者の優先入居枠があることが条件として有利と考えた。Ａさんは、公営住宅の入居者募集があるたびに応募した。しかし、自宅に住める環境があり、独身

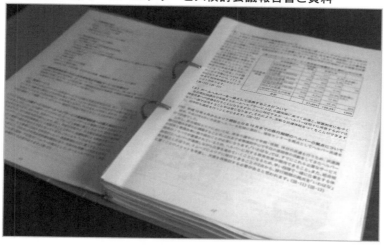

写真3-1 Z市ホームヘルプサービス検討会議報告書と資料

であったAさんは、なかなか入居者の抽選に当たらなかった。

　24時間365日のホームヘルパー派遣は、2000（平成12）年の介護保険スタートと合わせて開始された。日中の介護保険による利用は多く、障害者の利用も重症心身障害の人の自宅での入浴介助や、視覚障害の人の家事援助など、新たな利用が広がった。しかし、夜間の利用はすぐには進まなかった。それまでは、平日の日中がホームヘルパー派遣時間であったため、夜間のホームヘルパー派遣がなくても、何とか生活ができていた。また、夜間にホームヘルパーが家に入ることへの抵抗感や、夜間ホームヘルパーを利用すると、介護保険の区分支給限度額を消化することになり、デイサービスの利用回数などを減らさなくてはならなくなることなどが理由として考えられた。

　夜間ホームヘルパーを派遣するためには、利用があってもなくても夜勤のホームヘルパーを毎晩2人配置し続けなくてはならない。しかし、介護報酬はサービスを提供しないと支払われないため、人件費の支出を賄う報酬が入らない。夜間のホームヘルパー派遣事業は、極度の赤字事業に陥った。

　それでも、時間が経つと、少しずつ夜間の利用が入るようになった。深夜の体位変換や排泄介助、水分補給などの内容だった。しかし、夜間ホームヘルパー派遣が必要な介護保険利用者は、要介護度が高い人がほとんどだ。同居家族の介護負担軽減のため短期入所を利用したり、健康状態が悪化して入院したりすると、その間は利用がなくなる。さらに、施設入所に

写真3-2 ホームヘルパーによる夜間訪問

なると利用終了となる。夜間のホームヘルパー利用は、非常に不安定であることがわかってきた。経営的には、昼間のホームヘルパー派遣で得た報酬で、夜間の不足を補うこととなり、社会福祉協議会のなかからも、365日はともかく、24時間のホームヘルパー派遣は見直したほうがよいのではないかという声も聞かれるようになっていった。

⑨ 夜間のホームヘルパー派遣継続のための提案

　夜間のホームヘルパー派遣は窮地に立たされた。しかし、ここで止めることになっては、Aさんの一人暮らしは不可能になってしまう。Aさんだけでなく、少ないとはいえ、夜間のホームヘルパー派遣を必要としている人たちの生活を支えることもできなくなってしまう。

　収支の試算をしたところ、毎日夜勤を配置して、夜間のホームヘルパー派遣を成り立たせるためには、1晩平均6件の利用が必要であることがわかった。利用者は徐々に増えていたが、利用は不安定で、1晩6件を超える利用があったかと思うと、短期入所や入院などで減ってしまうことを繰り返していた。これをどうすれば改善することができるのだろうか。

　私は、Z市に夜間のホームヘルパー派遣事業に対する補助制度をつくってもらえるようはたらきかけることを社会福祉協議会のなかで提案した。ただし、必要な経費を全額補助してもらうのではなく、夜間時間帯のホー

「組織化機能」
を果たすために
必要な主な知
識・技術。
「組織の維持の
ためのマネジメ
ント」
▶第4章 p.141
参照。

ムヘルパー派遣に限って収支差額を補助するという制度を考えた。利用が不安定で収支がマイナスのときは補助額も増えるが、利用が増えれば補助額は逓減し、収支がプラスになれば、補助額はゼロになるという仕組みだった。行政にとっても、夜間のヘルパー派遣体制を最小限の負担で維持することができる。これが実現すれば、夜間のホームヘルパー派遣は安定し、24時間365日、障害者・高齢者を問わず、すべての市民が安心して生活することができる市民福祉プランが目指す町づくりの具体化につながる。

継続的なサービスを提供できる仕組み。
▶第3章 p.87参照。

Z市では、介護保険制度開始前から、24時間巡回型ホームヘルプサービス事業を、市内の高齢者福祉施設を運営するB法人に委託していた。その後、介護保険制度が始まり、市の委託内容が見直された。日中時間帯のホームヘルパー派遣はB法人が訪問介護事業の介護報酬で対応し、夜間巡回型の部分だけが市から委託費で支払われることになった。B法人は、当初は訪問介護事業の指定を受けて、介護報酬による日中のホームヘルパー派遣と委託事業による夜間巡回型を行っていたが、経営的な理由から訪問介護事業を廃止することを決めた。Z市は、夜間巡回型ホームヘルパー派遣を継続するかどうか、検討しなくてはならなくなっていた。

「調査・計画機能」を果たすために必要な主な知識・技術。「既存の計画等の活用」
▶第4章 p.143参照。

「代弁・社会変革機能」を果たすために必要な主な知識・技術。「価値・倫理への回帰」
▶第4章 p.140参照。

そのような背景もあり、社会福祉協議会からの提案に、Z市は応じてくれることになった。Z市にとっては、それまでよりも少ない補助で、夜間のホームヘルパー派遣体制を維持することができ、社会福祉協議会にとっては、経営的に安心して夜間のホームヘルパー派遣に取り組むことができるようになり、お互いにとってプラスになる結果となった。夜間のホームヘルパー派遣を必要とする人の生活は切実だ。その後、利用者も徐々に増え、Z市からの補助もわずかで済むようになっていった。

「組織化機能」を果たすために必要な主な知識・技術。「Win-Winの関係性の構築」
▶第4章 p.141参照。

公営住宅に落選し続けたAさんだったが、2004（平成16）年にZ市が新たに建設した市営住宅への入居が決まった。全戸バリアフリー仕様のマンション型の住宅で、もちろんエレベーター完備。玄関の上がりかまちの段差は2センチほどで、車いすでそのまま家の中に上がることができる。また、必要に応じて手すりをつけられるように、壁にネジが埋め込まれている。廊下も広くつくられていた。ついに、Aさんは一人暮らしを実現したのだった。

ホームヘルパーは、日中、夜間、早朝と毎日定時に訪問し、外出の支援

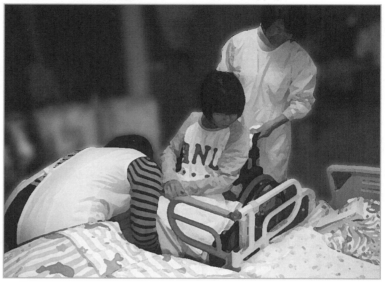

写真3-3 Aさんの部屋でのホームヘルパーの介助

も行いAさんの生活を支えた。夜間ベッドから落ちてしまい、ヘルパーの訪問時間まで待っていたこともあったそうだが、ヘルパーのいない自分だけの時間も大切にしたいということで、定時訪問型のヘルパー利用を続けている。障害者の作業所には通わず、電動車いすを利用して外出し、仕事を探し、友達とサークル活動を楽しみ、マリンスポーツに挑戦した。

　Aさんの独立以降、母親の姿を作業所づくりの物品販売で見かけなくなった。親が考える子どもの将来と、本人が望む将来は違った、ということを理解したためかもしれない。時々お互いに行き来し、適度な距離感を保った親子関係を続けているようだ。

「組織化機能」を果たすために必要な主な知識・技術。「モニタリングの実施」
▶第4章 p.142 参照。

　Aさんの一人暮らしを支える夜間ホームヘルパー派遣の体制は、Aさん同様に夜間の介護を必要とする介護保険利用者の在宅生活を支えることにもつながった。また、地方都市のZ市の周辺は、さらに人口規模の小さい町村が集まっており、自前で夜間のホームヘルパー派遣体制を確保することが難しいため、Z市社会福祉協議会では、近隣の町村で夜間のホームヘルパー派遣を必要とする利用者にもサービスを提供した。

　介護保険制度で、定期巡回随時対応型訪問介護看護が創設され、2017（平成29）年9月をもって、Z市の夜間ホームヘルパー派遣の補助事業は終了し、社会福祉協議会が定期巡回・随時対応型訪問介護看護の指定を受けて、Z市からの補助なしで夜間のホームヘルパー派遣を行う体制へと移行

した。ホームヘルパーが毎日夜勤をして深夜時間帯のホームヘルパー派遣を継続し、Aさんなど、障害福祉サービス利用者への対応も継続して行われている。2000（平成12）年から開始された夜間ホームヘルパー派遣は2020（令和2）年で20年目を迎えた。実績の確認できた15年間に介護保険利用者25人、障害福祉サービス利用者8人、合計33人の夜間介護を支えてきた。

🔟 まとめ

　Aさんの一人暮らしの希望を知ったことから、障害者・高齢者を分けない24時間365日のホームヘルパー派遣事業を立ち上げ、それを支える補助制度の創設、結果としてAさんの一人暮らしの実現の経過を報告した。ソーシャルワークのモデルに敢えて当てはめるなら、Aさんの一人暮らしの希望（ミクロレベル）が、社会福祉協議会の障害者・高齢者を分けない24時間365日のホームヘルパー派遣事業の実施（メゾレベル）を促し、夜間のホームヘルパー派遣を安定的に提供するための行政の補助制度の創設（マクロレベル）につながり、支援が必要なすべての市民の生活を支える社会資源として活用されることになった、と整理することができるだろう。

　改めて経過を振り返ると、マクロソーシャルワークは一人ではできないことに気づく。当事者の希望が関係者に課題を与え、その実現のために多くの人たちが考え、協力することで困難と思われた状況を乗り越えることができた。マクロソーシャルワークとは、個別支援の課題をもとにして、関係者が集まり、ぶつかり合いながらもその解決に向けて力を合わせていく協働のプロセスそのものといえるのかもしれない。

（曽根　直樹）

▌事例から読み解く

1 事例①の根底にあるもの

本事例を読み解くにあたり、障害や置かれた状況にかかわらず「生活は本人のもの」であり、「利用者が決めた生活にサービスが合わせること」というソーシャルワーク専門職としての基本的な姿勢が曽根氏にあることに触れたい。

ソーシャルワーカーには倫理綱領があり[1]、第1章第3節においても、「マクロレベルでの実践をソーシャルワークとして説明する際の根拠として、この倫理綱領を基盤とした実践であることが説明される必要がある」と記述されている。本事例の実践の背景や原動力にはこうした基本的な姿勢があることは、曽根氏の実践を理解するためのポイントの一つである。

曽根氏は、Aさんの一人暮らしへの希望を知ったからには、Aさんの決めた生活に合わせる必要があるという基本的姿勢により、明確な目標（ゴール）を設定し、実現に向け取り組んだのである。また、障害者・高齢者を分けない体制づくりを検討した際、高齢者を対象に支援を行ってきたホームヘルパーが障害者のホームヘルパーを担うことは「障害者支援の専門性」という観点から難しい、という考えに対し、障害特性の知識よりも個別の「その人の生活」に対する専門性があればよいという課題を突破していく糸口をつかんだといえる。こうしたソーシャルワーク専門職としての価値や倫理が、実践の根底にある。

2 事例①の起点とポイント

本事例の端緒は、曽根氏が社会福祉協議会に勤務している折に出会った、脳性麻痺があり、車いすを利用しているAさんの一人暮らしがしたいという希望を聞いたことであった。Aさんが一人暮らしを実現するためには、夜間家に訪問するホームヘルパーが必要である。しかしながら、当時、Z市の既存のサービスには、夜間のホームヘルパーの派遣を継続して提供できるサービスが存在しなかったため、新たなサービスを創出する必要があった。

マクロソーシャルワーク実践のプロセスには、本事例のようにミクロレベルのクライエントとのかかわりが起点になることも少なくないだろう。石川は、ミクロ・メゾ・マクロ実践の連続性について以下のようにも述べている[2]。

これまでミクロとマクロといった対比的な考え方があったり、ミクロ、メゾ、マクロはそれぞれ単独のレベルのものと考えられがちであるが、入り口は、たとえ、利用者やその家族のミクロ領域であったとしても、それが地域で共通する課題となったり（メゾ）、社

会全体で取り組む必要がある問題であったり（マクロ）、それらは連続性のなかにあるのが特徴である。

本事例は、Aさんの希望の実現を目指すところから始まったが、新たなサービスの創設は、Z市にて24時間ホームヘルプサービスを必要とする人への共通の課題ともいえ、制度が整うことにより、結果的にAさんはもとよりAさん以外の人々への継続的、安定的なサービスを提供できる仕組みを整えた実践といえる。

また、制度を創設するだけでなく、継続する仕組みをつくった点も本事例のソーシャルワーク専門職の特筆すべき実践といえる。夜間のホームヘルパー利用は、利用状況が一定ではなく不安定であるため、安定的な運営が難しくなるリスクがある。曽根氏は収支の試算を行ったうえで、Z市に交渉、補助制度をつくることで経営状況を安定させようとした。この交渉の席でも必要な経費を全額補助するのではなく、行政にとって最小限の負担で夜間時間帯のホームヘルパー派遣を維持できるよう収支差額を補助する制度を提案し、補助制度の実現につながったのである。

3 システムやモデルからみる事例①

ここでは、第2章第3節で取り上げられたマクロソーシャルワーク実践の理論的枠組みから本事例の位置づけの整理を試みる。

表3-1 の石川の「四つのシステムからみた三つの実践モデル」からみると、本事例において変化するターゲットは、制度・仕組みである。

したがって、「ターゲットとなる制度・政策、政党、専門職団体、国民の意識へのはたらきかけ等」が本事例のマクロソーシャルワーク実践において中心的な実践である。ただし、本事例はミクロレベルの実践からスタートしており、ミクロレベルやメゾレベルの実践も合わせてターゲットになっているととらえられる。

また、ロスマンのコミュニティへの介入の基本的戦略からみると、主に1.1、2.1、3.1、3.2と関係しているととらえられる。「1.1　根拠に基づく計画づくり」や「3.1　社会改革」については、ホームヘルプサービス検討会議を設置し、関係者の合意形成を図り実現に向けた方法を検討している点もあげられる。この検討会議のなかで、厚生労働省の会議資料等でヘルパーの派遣回数、多様な身体障害者のニーズに最大限に対応する必要性が指摘されていることなど国の示す方向性にZ市の検討内容は則したものである点、高齢者だけでなく身体障害者を含めたサービスの調整を行っている実践があることを具体的な資料を作成、提示をしている。また、Z市の障害者プランにおいてあげられている数値目標を提示、これを達成す

表3-1 四つのシステムからみた三つの実践レベル

	ミクロレベル 利用者や個人	メゾレベル グループ、組織、地域社会	マクロレベル 制度・政策、社会意識
ワーカー・システム	ワーカー個人やワーカー仲間（個人レベルでの専門職知識や技術の向上など）	ワーカーが所属する組織、専門職団体等の働きかけ等（専門職による会議等も含む）	専門職団体のあり方、国家資格化、国際ソーシャルワーク等
クライエント・システム	利用者や家族へのアプローチ（従来のクライエントとその家族に対する支援、援助）	利用者の自助グループや同様の課題をもつ団体の組織化等	患者・利用者の全国団体の組織化等
ターゲット・システム	ターゲットとなる利用者以外の友人、知人、隣人、他専門職への働きかけ等	ターゲットとなるグループ、専門職団体や組織、地域の自治会等への働きかけ等	ターゲットとなる制度・政策、政党、専門職団体、国民の意識への働きかけ等
アクション・システム	アクションを起こす利用者以外の友人、知人、近隣、他専門職への働きかけ等	アクションを起こすグループ、専門職団体や組織、地域社会への働きかけ等	アクションを起こす政党、政治家、専門職団体への働きかけ、国民の意識改革のためのSNSの利用等

出典：石川久展「わが国におけるミクロ・メゾ・マクロソーシャルワーク実践の理論的枠組みに関する考察——ピンカスとミナハンの4つのシステムを用いてのミクロ・メゾ・マクロ実践モデルの体系化の試み」『Human Welfare』第11巻第1号，2019年

表3-2 コミュニティへの介入の基本的戦略

	計画／政策 1	コミュニティの能力開発 2	ソーシャル・アドボカシー 3
1 計画／政策	1.1 主に計画／政策 根拠に基づく計画づくり	2.1 計画／政策による コミュニティの 能力開発 計画された能力開発	3.1 計画／政策による ソーシャル・アドボカシー 社会改革
2 コミュニティの能力開発	1.2 能力開発による計画／政策 参加型計画づくり	2.2 主に能力開発 能力を中心にした開発	3.2 能力開発による ソーシャル・アドボカシー 連帯組織化
3 ソーシャル・アドボカシー	1.3 アドボカシーによる 計画／政策 政策アドボカシー	2.3 ソーシャル・アドボカシーによる能力開発 アイデンティティ活動	3.3 主にソーシャル・アドボカシー ソーシャル・アクション

出典：Rothman, J., Erlich, L. E., Tropman, J. E. *STRATEGIES OF COMMUNITY INTERVENTION*, Eddie Bowers Publishing co., inc., p.143, 2008. 筆者訳

るには既存の枠組みによる取組みのみでは困難であることを根拠に合意形成と事業計画につなげている点があげられる。「2.1　計画された能力開発」については、Z市で活動していた高齢者支援を中心に行っていたホームヘルパーが、専門性が異なると考えられていた障害者のケアを担うことが可能であるかどうか検討する際、「その人の生活」に対する専門性があればよいという結論に基づいた事業を進めていくことで、これまでサービスを提供していなかった夜間のサービスを必要とする高齢者へのサービスも提供できるようになり、ホームヘルパーやZ市の能力開発につながったといえる。「3.2　連帯組織化」については、Z市とホームヘルプサービス事業検討会議あるいは社会福祉協議会が同じ事業を支えるパートナーとして相互の立場を理解しながら事業の立ち上げや継続に向けた実践をすることができた点があげられよう。

引用文献

1）「ソーシャルワーカーの倫理綱領」　http://www.japsw.or.jp/syokai/rinri/sw.html
2）石川久展「わが国におけるミクロ・メゾ・マクロソーシャルワーク実践の理論的枠組みに関する一考察：ピンカスとミナハンの4つのシステムを用いてのミクロ・メゾ・マクロ実践モデルの体系化の試み」『Human Welfare』第11巻第1号，pp.25-37，2019年

■ はじめに

事例②の根底に
ある価値・倫理。
▶第4章 p.140
参照。

高齢化の一途をたどる大都市東京において、高齢者が住み慣れた地域で生活を継続するためにはどうしたらよいのか？

この課題解決に向けて、地域のあらゆる社会資源と協働し、新たな具体的活動を生み出している、地域包括ケアの実現へ向けた新たな都市型ネットワークモデルを紹介する。

大田区地域包括支援センター入新井の呼びかけで、高齢者に携わる各種専門機関と地域団体、企業等が協働し生まれたのが、本会「おおた高齢者見守りネットワーク」（愛称：みま～も）である。

高齢者の孤立を予防するためには、高齢者自身が、元気なうちから地域とつながる意識をもち、できれば早い時期に地域包括支援センターともつながっていること、そして地域のなかで身近な人の異変に気づき、専門機関へ早期に連絡できることが必要である。

地域のつながりが薄いといわれる大都市だが、一方では多くの人が住み、はたらく人材の宝庫、社会資源の宝庫であるともいえる。本会は『気づき・見守り・支え合う地域づくり』を合い言葉に、大都市のメリットを活かした、都市型の見守りネットワーク構築を目指している。

■ みま～も発足の背景と経緯

1)「地域包括ケア」の中核を担う地域包括支援センター

大田区地域包括支援センター入新井を触媒とした多様な関係者による「おおた高齢者見守りネットワーク」（愛称：みま～も）の具体的な活動やそこに至ったプロセスを説明する前に、このような多様な関係者によるネットワークづくり、それに基づく地域づくりに乗り出さなければならなかった背景について、まずは概観しておきたい。

地域包括支援センターは、2005（平成17）年の介護保険制度改正に伴って創設された。以来、高齢者の心身の状態に合わせた健康維持や生活の安定、医療・保健・福祉の向上、さらには財産管理、虐待防止といった課題

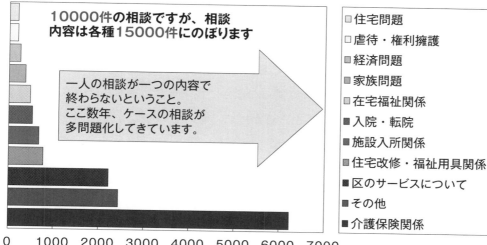

図3-2 大田区内地域包括支援センターの相談件数・相談内容件数

大田区内22か所の地域包括支援センターで1か月**10000件**の相談に対応しています。

10000件の相談ですが、相談内容は各種**15000件**にのぼります

一人の相談が一つの内容で終わらないということ。ここ数年、ケースの相談が多問題化してきています。

- □ 住宅問題
- □ 虐待・権利擁護
- ▨ 経済問題
- ▨ 家族問題
- ▨ 在宅福祉関係
- ■ 入院・転院
- ■ 施設入所関係
- ▨ 住宅改修・福祉用具関係
- ■ 区のサービスについて
- ■ その他
- ■ 介護保険関係

0　1000　2000　3000　4000　5000　6000　7000

に対し、当該地域で総合的な支援とマネジメントを行い、課題解決に向けた取組みを実践していくことを主な業務とする包括的な拠点として存在してきた。全国の自治体で2020（令和2）年4月末現在、5221か所[1]の地域包括支援センターが設置され、今後、急速に進む高齢化のなかで地域包括ケアシステム構築の中核を担う役割が期待されている。

　ネットワークづくりの必要性については、多くの地域包括支援センター職員の間でも十分に理解されているところだが、その構築には多くの地域包括支援センターが苦慮しているのが現実である。

2) 地域包括支援センターの現状

　高齢者の総合相談窓口として設置された地域包括支援センターにおける相談件数は、年々増大しており、私たちの活動拠点である東京都大田区でも22か所ある地域包括支援センターでひと月あたり約1万件もの相談に対応し、さらに増加傾向にある。

　今後、急速に高齢化が進んでいくこのような大都市部において、地域包括支援センターが介護保険制度の枠組みのなかだけで、「もぐらたたき」のように一つひとつの相談に対応しているだけでは、高齢者が安心して暮らせる地域などできない。まして、これから一人ひとりの高齢者が抱える

事例②の根底にある価値・倫理。▶第4章 p.137 参照。

問題が大きくなり、複雑化していくことを考えると、個別対応すら一筋縄ではいかず、難しくなることは明らかである。

3) 会の発足に向かって

このような地域包括支援センターが「もぐらたたき」の現状から抜け出し、本来の意味で地域包括ケアの中核機関としての役割を果たすのに必要なことを考えてみた。

多くの高齢者は、元気なころは地域とのつながりを保ち、その交流のなかでやりがいや生きがい、地域のなかで役割をもち生活している。しかし、ライフサイクルの節目をきっかけに、地域とのつながりを断ち、孤立に陥ってしまう。私たちが地域包括支援センターの業務で出会った人の孤立へのきっかけを例にあげると「子どもたちの独立」「配偶者に先立たれた」「外出の機会の減少による役割の喪失」「定年退職による職場とのつながりの喪失」などである。

地域包括支援センターは本来、地域住民が「医療や介護」が必要になったときに自ら出向き、初めて出会う場所（機関）である。しかし、医療や介護が必要になったときに、独居、もしくは老齢世帯の人が相談に訪れることは、実際には難しい。

適切な時期に、地域包括支援センターにたどり着くことができず、生死にかかわるギリギリの状態で、近隣の人からの「通報」により初めて地域包括支援センターにたどり着くという人たちが急増している。しかし、ギリギリの状態で初めてかかわり、情報もなく支援を開始したところで、私たちはその人に対してもてる専門性を発揮することは非常にハードルが高い。今、地域包括支援センターに求められることは、医療・介護が必要な人が訪れるのを「待つ」のではなく、支援を必要とする以前の早期からつながりやかかわりをもち続けること、地域の「日常」にさまざまな事業を通してつながりをつくっておくこと、そこに寄り添い続けることである。そして、日常の生活・暮らしに寄り添うためには、私たち専門職だけで継続的にかかわることはできない。その人の生活にすでに寄り添っているスーパー・コンビニ・スポーツジム・金融機関・宅配便・喫茶店・カラオケ・郵便局・商店街・民間企業等、その「人」が日常の暮らしのなかでつながるすべての人・場・組織と、持続・継続可能なネットワークを構築することが求められている。

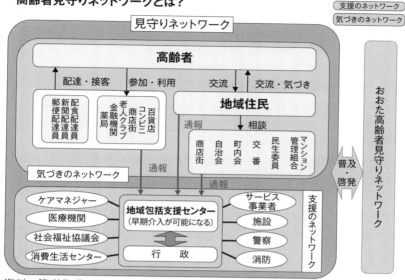

図3-3　みま～もが考えるネットワークのカタチ
高齢者見守りネットワークとは？

資料：筆者作成

　このような分析をもとに、2008（平成20）年4月に12名の福祉専門職と地域の老舗百貨店・ダイシン百貨店の社員3名で、現在のネットワークの前身である、「大田北高齢者見守りネットワークをつくる会（以下、本会）」を発足させたのである。

2　みま～もの概要

1）みま～もの目指すネットワーク

　高齢者医療・福祉において、ネットワークの必要性が叫ばれて久しいなか、具体的なネットワークの形はいまだみえないのが現状である。そのため活動を開始するにあたって、ネットワークについての共通認識をもつことが必要であり、本会が目指すネットワーク（図3-3）を次のように具体化した。

【ネットワーク①「気づきのネットワーク」】

　地域に暮らす高齢者と日常的につながりのある人たちが、普段の関係性のなかで高齢者の異変に早期に気づくためのネットワークで、友人、ご近所同士、町内会、老人会、商店街、銀行などがその構成者に当たる。

【ネットワーク②「支援のネットワーク」】

　先に述べた「気づきのネットワーク」による地域での早期の気づきをも

とに、包括的・継続的支援を実施していくためのネットワークといえる。具体的には、地域包括支援センターのほか、医療・介護・福祉の専門機関等がこれに当たる。

以上「気づきのネットワーク」と「支援のネットワーク」が各々有効に機能し、なおかつ二つのネットワーク間が有機的に連携できるシステムづくりが、私たちの目指すネットワークであり、目標である。

2) 組織概要

本会は任意団体であり、会の趣旨に賛同いただいた各種団体の賛助会費によって運営している。2019（平成31）年3月末時点で、協賛企業・事業所は、病院・クリニック・薬局12、企業・法人34、在宅サービス事業所38、施設8の合計92団体、後援は、大田区・大田区社会福祉協議会・日本赤十字社東京都支部・東京都健康長寿医療センター研究所である。

賛助会員は、運営費の捻出だけでなく、会の運営に積極的にかかわり、そのなかで専門性を発揮し、団体としての地域貢献を実現している。自治体から委託を受けた地域包括支援センターが「民間企業と連携する」ということに対して「公共性」「中立性」の観点からの正当性の担保が課題となった。それに対して、「おおた高齢者見守りネットワーク（以下、みま〜も）」という任意団体を別組織として設立することにより、地域包括支援センターの枠にとらわれることなく柔軟に活動することが可能となった。

会発足当時、会を持続・継続可能な取組みとしていくための課題として、以下の2点があげられた。それぞれの課題をどう克服してきたかを以下に紹介する。

① 医療・介護分野以外の異業種分野との連携

分野が違えば、意見や考え方も違う。当然、一つのことに取り組むにしても意見の相違が出てくる。この時点で公的機関である地域包括支援センター、専門職側の意見を押しつけてしまうと一方通行の関係性しか生まれない。

私たちはこの解決のため、月1回運営のための会議を開催している。この運営会議で活動のすべてを決めるようにしている。参加対象はすべての協賛企業。年度で決め合った具体的な事業について、それぞれの立場で意見を出しやすくする努力を重ねてきた。当初はぎこちなかった活動も、定期的に集まることで関係性が生まれ、活発な議論が重ねられるようになっ

コミュニティへの介入の基本的戦略。「連帯組織化」
▶第3章 p.108参照。

「組織化機能」を果たすために必要な主な知識・技術。「組織の維持のためのマネジメント」
▶第4章 p.141参照。

た。

この議論のなかで、月1回開催する地域づくりセミナーで参加者が自主的に参加したくなるような工夫も生まれた。セミナーに参加するごとに、スタンプカードにスタンプを押印。4回参加するごとに、協賛企業が提供するノベルティ・グッズのプレゼントなど、医療や福祉の専門職だけでは発想できない企画も生まれた（ダイシン百貨店のお米提供は大人気）。

具体的な取組みをともに考え、実行するという作業の継続を通して、違う立場、違う考えを認め合うという空気感がネットワーク内に芽生えたのがこのころである。

また、私自身、専門職という「鎧」をまとっていたことに気づき、必要時以外は脱ごうと決めたのもこのころだったのである。

② 協賛企業の確保

まだ立ち上がったばかりの会に「協賛をしたい」という企業・事業者は少ない状況であった。そこで、私たちは相手組織にとって、みま～もにかかわるメリットを提示することとした。メリットは以下の3点である。

・協賛企業となることで公的機関である地域包括支援センター、医療機関である病院との連携を図ることができる。

・超高齢化社会、生産年齢減少・人口減少社会という世界中類例のない経験をしている日本で、医療・介護・異業種ネットワーク（みま～も）を活用し、自社を超高齢社会仕様に方向転換できる。

・取組みを通して、自社の得意分野を広く地域住民に知らせることができる。

「メリット」＝直接的な「儲け」の提示ではなく、ネットワークを活用した自社の新たな可能性の提示を意識したのである。

協賛企業は年度更新である。つまり、年1回は組織としてみま～もを続けるか否かを決めてもらう。今では大部分の協賛企業が更新をし、継続してみま～もにかかわっている。継続してもらえているのは、各企業が取組みを通してみま～もにかかわるメリットを感じているからにほかならない。では、協賛企業にメリットを感じてもらうために、どのような取組みをしているかについて以下「活動の三本柱」で述べる。

「組織化機能」を果たすために必要な主な知識・技術。「Win-Win の関係性の構築」▶第4章 p.141 参照。

コミュニティへの介入の基本的戦略。「計画された能力開発」▶第3章 p.108 参照。

第2節 マクロソーシャルワーク実践事例

写真3-4 地域づくりセミナーの様子

3) 活動の三本柱

① 地域づくりセミナー

毎月第3土曜日に一般住民を対象としたセミナーを開催している。「地域づくりセミナー」（**写真3-4**）の目的は以下の3点である。

・地域住民に「気づき」の視点を伝え、近所の「異変」に気づくことができる（近所に関心をもつ）人を増やすことができる。

・地域住民の「気づき」を、適切な時期に地域包括支援センターや専門機関につないでもらえるよう、地域住民と地域包括支援センターや専門職との間に顔の見える関係をつくっておく。そのため講師は、基本的に地域の専門家にする。

・賛助会員である専門職が、セミナーの企画・準備・運営などを、職種や法人の壁を越え一緒に行うことで、対応のネットワークの成長につながり、迅速かつ適切な個別対応につながる。

　セミナーの講師は協賛事業所が担当しており、自社・組織の専門性を活かした講座を実施している。講座には、毎回150名程度の高齢者が参加し、その効果として、1）講師担当事業所は自社・事業所を地域高齢者に向けてPRできる、2）セミナーの企画・運営を協賛事業所が持ち回りで実施

写真3-5 高齢者見守りキーホルダーの登録者

資料：おおた高齢者見守りネットワーク（みま〜も）「高齢者見守りキーホルダー」
mima-mo.net/activity/keyholder/（最終閲覧2021年10月15日）

することで、多職種間の連携が醸成される、3）開催の準備・運営を協賛
事業所が実施することで、事業所間の「横の連携」を生み出している。

② 高齢者見守りキーホルダー

「高齢者見守りキーホルダー」（**写真3-5**）とは、事前に地域包括支援セ
ンターに本人情報、緊急連絡先、かかりつけ医療機関、病歴等を登録し、
個人番号の書かれたキーホルダーで、キーホルダーをもった人が、外出先
で救急搬送された際や、認知症の徘徊などの際、警察や消防から地域包括
支援センターに連絡が入り、情報を共有することができるシステムであ
る。前述の地域づくりセミナーの講師をしてくれた地域の病院の医療ソー
シャルワーカーとの打合せのなかで、「本当の意味で高齢者の安心につな
がるものを生み出したい」という共通の思いから生まれ、何度も話合いを
重ね、警察・消防など関係機関との調整を経て、企画から2か月後の
2009（平成21）年8月に大田区内一部地域で申請を開始した。その後2
年間で3500名の登録があり、「すべての区民が登録できるシステムにして
ほしい」という多くの区民の声があり、2012（平成24）年より大田区の
高齢者施策として全区で登録可能となった。

2016（平成28）年10月末現在の累計3万5686人、実登録者数は2万
6330人で、大田区内高齢者の5人に1人がキーホルダーをもっているこ

> 「代弁・社会変
> 革機能」を果た
> すために必要な
> 主な知識・技術。
> 「価値・倫理へ
> の回帰」
> ▶第4章 p.140
> 参照。

写真3-6 商店街お休み処「アキナイ山王亭」入り口

とになる。また、全国からの問合せや反響も大きく、全国の自治体でこのシステム導入が進んでいる。

キーホルダーシステムは、「高齢者の見守り」＝「地域とつながること」をコンセプトとしている。登録者である高齢者自身が、「もっていることで地域包括支援センターにつながっていて、万が一にも安心！」という実感を近隣住民に伝え、住民同士のつながりでこのシステムが着実に広がっていることが、このコンセプトが地域に浸透してきている証である。

③　みま〜もステーション

2009（平成21）年より賛助会員である有料老人ホームを拠点に月1回開催してきた食事会「みま〜もレストラン」が発展し、2011（平成23）年に、より一層地域に根ざした形で活動の幅を広げたのが「みま〜もステーション」である。

大森柳本通り商店街振興組合と協働し、商店街の空き店舗を改修したお休み処を拠点とし、誰でも気軽に立ち寄ることができ、高齢者が役割をもって活動できるサロン事業を行っている。ミニ講座や公園の管理運営、商店街と合同のお祭りなどを、地域の高齢者とともに実施している。2019（令和元）年度は、ミニ講座を年間430講座開催し、延べ5000名を超える高齢者が参加した。また、公園の管理運営や夏まつりなどの開催にあたっ

ては、**高齢者自身が参加者としてだけでなく、ボランティアとして運営に参加**している。この高齢者は「みま〜もサポーター」として登録され、年会費を支払い、本活動の応援者として活躍している。現在100名を超えている。

コミュニティへの介入の基本的戦略。「能力を中心にした開発」
▶第3章 p.108参照。

　高齢化が進み、シャッターを閉じる店舗が増えていた商店街を拠点とし、住民参画の介護予防につながるさまざまな講座を取り組むことで人の往来が増え、この商店街は現在、空き店舗がゼロにまで回復している。

3 高齢者見守りネットワークから全世代対応型まちづくりへ

　地域のネットワーク構築は地域包括支援センターの業務と位置づけられてはいるが、具体的な手法は示されていない。その結果、多くの地域包括支援センターがネットワークを築けていないといった現状がある。

　私たちは、**すべてのネットワークの関与者にとってメリットのある「Win-Winの具体的な事業」を通して連携関係を強化する**手法をとった。その結果、商店街活動に参加した協賛事業所職員間で自然な交流が生まれ、それが協賛事業所職員のネットワークに対する一体感を醸成することとなった。さらに、その交流が協賛事業所間の多職種連携を育むことにも寄与した。

「組織化機能」を果たすために必要な主な知識・技術。「Win-Winの関係性の構築」
▶第4章 p.141参照。

　設立当初、私たちはこの取組みを通してかかわるターゲットを、「自分ではSOSの声を上げることのできない地域とのつながりを断っている高齢者」としていた。しかし、この自分ではかかわりを拒否している人に、直接専門職が手を差しのべることはできないことに実践を通して早期に気づくことができた。

　そこでターゲットを、今は医療・介護の専門職の支援を必要とせず、地域とも十分つながりを保っている「元気高齢者」とし、この人たちと事業を通して日常的にかかわる仕組みづくりへとシフトしていった。

　その結果、地域で役割ややりがいをもち続け、生活を継続していく人を増やすことができた。そしてこの人たちが、専門職が直接的にかかわることができなかった「自分ではSOSの声を上げることのできない人」に、同じ住民として手を差しのべ、私たち専門職につなげてくれるという相乗効果が地域に生まれていった。

　また、「意図的に多世代がかかわる仕組みづくり」を行ってきた結果、「みま〜も」は高齢者福祉施設や介護事業所のみならず、一般企業、子ども関連施設関連（保育園や学校等）、子育て支援団体、障害者事業団体、若者・中年世代の就労支援団体といった幅広い団体・組織とも連携し始めている。その一例として保育園との連携がある。サロンに隣接する地域で「立ち寄りがたい公園」として知られていた公園を区からの委託により管理し、菜園や介護予防器具が完備された集いの場へと改善した。その結果、園庭をもたない認証保育所の散歩コースとなり、現在は、みま〜もサポーター（住民）と保育園児が協働で菜園を管理し、作物を集荷するといった交流事業も行われている。

4 全国に広がるみま〜もの仕組み

　現在、みま〜もは、全国10か所に「のれん分け」という形で広がっている。中心でかかわる多くの方が、地域の民間事業所の専門職たちである。ホームページや講演会・研修会等でみま〜もを知り、「みま〜もの仕組みでまちづくりをしたい！」と希望する人たちが増えた。そこで私たちは、当初のれん分けの基準を上述した「三本柱の活動を同じように取り組むこと」と考えたが、都市部と地方、地域特性も違うなかで画一的に同じよう

図3-4 全国に広がるみま～ものれん分け

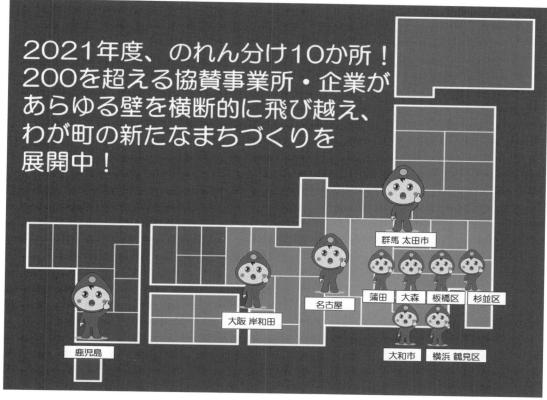

2021年度、のれん分け10か所！
200を超える協賛事業所・企業が
あらゆる壁を横断的に飛び越え、
わが町の新たなまちづくりを
展開中！

群馬 太田市

名古屋

蒲田　大森　板橋区　杉並区

大阪 岸和田

大和市　横浜 鶴見区

鹿児島

　なことをしても地域課題を解決することはできない。では、のれん分けの
基準を何にしたのか？　それが「協賛の仕組み」だ。
　公的機関・医療・介護専門職だけで何かを取り組むのではなく、さまざ
まな得意分野をもち、かつ地域の資源である民間企業・事業所、商店街等
とともに「協賛の仕組み」により、柔軟で自由な発想でそれぞれの地域課
題に取り組む。そして、助成金や補助金に頼らず協賛費で持続・継続可能
な取組みとしていくことをのれん分けの基準とした。
　また、全国それぞれの仲間たちが地域課題を自分たちで見出し、主体的
に自分たちで解決していく力を強化するために、私たちはあえて自分たち
の実践を押しつけることをせず、ソーシャルワーク機能の視点でいう「側
面的援助」に徹し、実践を通して起こるさまざまな障壁について、相談を
受け、初めて指導援助するということを心がけている。目的は、「協賛の
仕組みでそれぞれの地域課題の解決を目指す」ことで全国のみま～もは一
致している。だからこそ、「実践」を重視し、実践のなかから起こる課題・

問題をともに整理していくというスタンスを、のれん分けをしたそれぞれのみま〜もと築いている。

　東京から一番遠方の「みま〜も・かごしま」では、「空き家」を活用した居場所づくりに取り組み、「みま〜も名古屋」は、薬局を中心にした居場所づくりをしている。「みま〜も・ぐんま」は、地域にある大学と連携した事業展開に取り組んでいる。それぞれのみま〜もが、それぞれの地域に合った形で新たなみま〜も事業を展開する。これが、みま〜もの「のれん分け」の方針である。

5 地域共生社会の実現に向けた公的機関の役割

　制度・分野ごとの縦割りや、「支え手」「受け手」という関係を超えて、多様な人や組織が主体となって地域を共につくっていくために公的機関が担う役割を改めて考えてみたい。

　地域包括支援センターが核となり、新たなネットワークモデルを形成してきた「みま〜も」の例では、地域包括支援センター担当の行政職員から、助成金について情報提供してもらったり、大田区として協力依頼文を作成し、自治町会すべてに配布することで、発足前で影も形もないみま〜もを応援する姿勢を示してくれたことなど、特に初動の頃に行政が担ってくれた役割がプラスにはたらいた。

　一方で、行政担当課の役職者が異動するたびに、対応が180度変わってしまうということもあり、それまで前職者と築いてきた関係性や方向性が振り出しに戻ったり、ときに自治体が示す枠組みから外れていると指摘を受け、新たな活動をあきらめざるを得なかったり、みま〜もが築いてきた歩みを後退させられてしまうということも少なからずあった。このような経験から、地域共生社会の実現に向けて行政機関に期待することは、「自治体として、地域活動を応援（支援）するスタンス」だ。具体的には以下の3点だと感じている。

① 　必要な公的機関・部署との橋渡し。

② 　多岐にわたる情報提供（様々な団体の例や他地域の情報など）。

③ 　運営そのものには決して立ち入らず、主体を認め見守る。

　自治体職員として、地域の主体をつくるうえで重要なのは、結局のところ、行政がかかわり何かをすることではなく地域を育てる視点なのである。

図3-5 多様な主体による地域活動の展開における出会い・学びのプラットフォーム

「調査・計画機能」を果たすために必要な主な知識・技術。「根拠（エビデンス）の発信」
▶第4章 p.142参照。

多様な主体による地域活動の展開における出会い・学びのプラットフォーム

- ■地域の実践をみると、「自らの地域で活躍したい」や「地域を元気にしたい」といった自己実現や地域活性化に向けた願いのもと始まったまちづくり活動が、地域の様々な主体との交わりを深め、学ぶ中で、福祉（他者の幸せ）へのまなざしを得ていくダイナミズムがみえてきた。
- ■そして福祉分野の個別支援をきっかけとする地域づくりの実践に関しては、個人を地域につなげるための地域づくりから、地域における課題へ一般化し、地域住民を中心とした地域づくりに開いていくことで持続性を得ていく過程が見られている。
- ■一見質の異なる活動同士も、活動が変化する中で"個人"や"くらし"が関心の中心となった時に、活動同士が出会い、お互いから学び、多様な化学反応を起こす。そこから生まれた新たな活動が地域の新たな個性となり、地方創生につながることもある。
- ■このような化学反応はさまざまな実践においてみられており、今後の政策の視点として、地域において多様な主体が出会い学びあう「プラットフォーム」をいかに作り出すか、という検討を行っていくことが求められている。

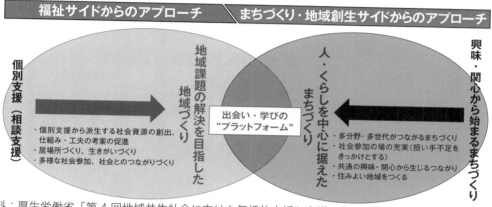

資料：厚生労働省「第4回地域共生社会に向けた包括的支援と多様な参加・協働の推進に関する検討会」2019年資料を一部改変

6 まとめ

　超高齢社会の到来を迎え、福祉の現場は今、大きな変革の時期を迎えている。その大きな要因の一つは、支援を必要としている一人ひとりが抱える問題が多問題化、複雑化しているということにある。例えば、多問題を抱え、人とのかかわりを拒否している人の問題解決のために、たった一人の専門家が個別支援の名の下にかかわったところで、その閉ざされた心の扉を開くことはできないだろう。

　では、心の扉を開けることができるのは誰なのか？　それは地域でかかわりがあった住民であり、日常的にかかわりのある商店街・地域企業ではたらく人たちである。

　地域の医療・福祉専門職、地域住民、地域ではたらく人々が、地域の暮らしのなかで日常的にまずはつながり合っていること。そのつながりのなかで、地域の「気づき」を早期に支援にかかわる専門職につなげてもらう

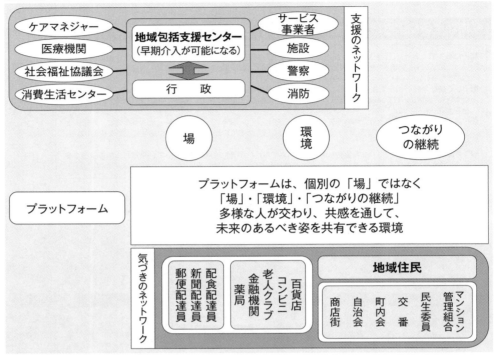

図3-6 みま～もが取り組むプラットフォームの循環

ケアマネジャー

医療機関

社会福祉協議会

消費生活センター

地域包括支援センター
（早期介入が可能になる）

行　政

サービス
事業者

施設

警察

消防

支援のネットワーク

場

環境

つながり
の継続

プラットフォーム

プラットフォームは、個別の「場」ではなく
「場」・「環境」・「つながりの継続」
多様な人が交わり、共感を通して、
未来のあるべき姿を共有できる環境

気づきのネットワーク

配食配達員
新聞配達員
郵便配達員

百貨店
コンビニ
老人クラブ
金融機関
薬局

地域住民

商店街
自治会
町内会
交　番
民生委員
マンション
管理組合

資料：筆者作成

ことが求められている。

　厚生労働省は、地域共生社会の実現に向けて更なる深化を進めるため、2019（令和元）年12月26日「地域共生社会に向けた包括的支援と多様な参加・協働の推進に関する検討会（地域共生社会推進検討会）」の最終とりまとめを発表した[2]。

　そのなかに、「多様な主体が出会い、学びあうプラットフォーム」という表現がある。

　まず、このプラットフォームのイメージを「場」ととらえてしまいがちだが、「場」はあくまで一つのツールであり、＝（イコール）プラットフォームではないと考えている。私たちが考えるプラットフォームとは、個別の「場」ではなく「場」・「環境」・「つながりの継続」の三つを合わせた「面」としての環境。多様な人が交わり、共感を通して、未来のあるべき姿を共有できる環境。それが、みま～もが考えるプラットフォームのあるべき姿だ。

　このプラットフォームの地域への広がりが、専門職ネットワークである

「代弁・社会変革機能」を果たすために必要な主な知識・技術。「海外、国・都道府県・市町村等のあらゆる計画・動向の把握と活用」
▶第4章 p.138参照。

「支援のネットワーク」として、地域を知る専門職集団に醸成し、地域住民にとって身近な存在に成長させていく。また、プラットフォームでの医療・福祉専門職と地域の多様な人たちとのつながりが、地域のなかで支援が必要な人を早期に「支援のネットワーク」へとつなげる「気づきのネットワーク」を構築することになる。

プラットフォーム＝「場」という単体づくりではなく、「場」・「環境」・「つながりの継続」を地域全体に広げ、SOSの声を自ら上げることのできない人に私たち専門職の手が届くようにすることができる環境づくり、これが、みま～もにかかわる専門職たちの最終目標である。

みま～も発足から12年間の歩みは、地域に暮らすすべての人たちの「主体性＝やりたい！の気持ち」をネットワークで実現してきた歴史であった。

私たちはなぜ、地域が「主体」であることにこだわったのか？

それは、従前の『トップダウンであるべき姿を示され、行動だけを指示されるやり方』では、地域のなかに「やらされ感」しか生まれず、人や組織の「主体性」の醸成は望めないからだ。

地域が「主体」であることを基点にすると、取組みの可能性は無限に広がる。また、そこでの試行錯誤が実践の広がりと厚みを生むのだと思っている。

気持ちが伴わないなかでは何も生まれない。私たち専門職・公的機関が今、意識しなければならないこと、それは「支援」よりも「共感」をつなぎ、「主体」を広げていくことである。

（澤登　久雄）

※なお、本取組みは厚生労働省「地域共生社会の実現を目指した包括的支援体制の整備についての取組事例」（令和2年7月30日）として紹介されている。こちらも併せて参照されたい。

▌事例を読み解く

1 事例②の根底にあるもの

　本事例は、地域包括ケアの実現に向けた都市側の見守りネットワーク構築にかかわる実践である。高齢化が急速に拡大し、地域包括支援センターが介護保険制度の枠組みのなかで、一つひとつの相談に対応しているだけでは高齢者が安心して暮らせる地域などできないという澤登氏の地域の状況に関する気づき・認識があった。身体的に元気な高齢者だからといって相談を受ける機会がなかったり、孤立死のリスクを放置するということがあってはならず、元気なうちから地域とつながる仕組みが必要ととらえ、そのための仕組みがつくられた。この仕組みは東京都大田区からはじまり、「のれん分け」を通じてその実践は全国に広がっている。このように全国展開した背景の一つとして、地域の、あるいはかかわる人の「主体＝やりたい」を、大事にする姿勢があったと考えられる。指示を受け必要に迫られて行ったり、澤登氏がリーダーシップを発揮して実践を引っ張ることだけでは人や組織の主体性は生まれないと考えていた。人や組織が「やりたい」「かかわってみたい」「面白そう」と主体的に考え、動くことでさまざまな相互作用が生まれる。それが歯車となり波及効果のある実践に、多くの人々を惹きつける魅力があったからこそ全国に広がったといえる。

　この点を、ソーシャルワーカーの倫理綱領[1]と照らし合わせて考えてみると、（社会へのはたらきかけ）「ソーシャルワーカーは、人権と社会正義の増進において変革と開発が必要であるとみなすとき、人々の主体性を活かしながら、社会に働きかける」に当てはまるのではないだろうか。また、（集団的責任）「ソーシャルワーカーは、集団の有する力と責任を認識し、人と環境の双方にはたらきかけて、互恵的な社会の実現に貢献する」も当てはまるだろう。

　澤登氏の事例の根底には、これらのソーシャルワーカーの基本的姿勢を読み取ることができる。

2 事例②の起点とポイント

　澤登氏が勤務していた地域包括支援センターにおける相談件数は年々増加し、今後の都市部の急速な高齢化に伴って増え続けることが予測されていた。また、高齢者一人ひとりの問題が複雑化すること、複数の問題を抱えるケースが増えることも予測されており、介護保険制度の枠内で一つひとつの相談に応じることに限界を感じ、変化を求めたことが、本事例の起点といえる。ここから、地域住民や広く地域にかかわる人材や機関を巻き込みながら実践

が展開されていった。

　序章で前述した日本社会福祉士会が実施したソーシャルワーク機能と課題分析に関する調査[2]においてソーシャルワーク機能と促進・阻害要因となる項目との相関を明らかにした分析がある。マクロレベルのソーシャルワーク機能を発揮した経験の有無と「地域住民とのかかわり」との相関が特に高く、マクロレベルのソーシャルワーク機能を発揮するためには、地域住民との関係が大事であることが示唆されている。本事例も、調査結果を裏づける実践といえる。

3　システムやモデルからみる事例②

　ここでは、第2章第3節で取り上げられたマクロソーシャルワーク実践の理論的枠組みから本事例の位置づけの整理を試みる。

　例えば、表3-3 の石川の「四つのシステムからみた三つの実践モデル」からみると、本事例においては変化するターゲットは、ソーシャルワーク専門職が所属する組織、地域の元気な高齢者、専門職団体や組織といえる。また、アクションを起こすグループである地域住民の組織にもはたらきかけを行っており、表3-3 の実践モデルに当てはめると、発端となっ

表3-3 四つのシステムからみた三つの実践レベル

	ミクロレベル 利用者や個人	メゾレベル グループ、組織、地域社会	マクロレベル 制度・政策、社会意識
ワーカー・システム	ワーカー個人やワーカー仲間（個人レベルでの専門職知識や技術の向上など）	ワーカーが所属する組織、専門職団体等の働きかけ等（専門職による会議等も含む）	専門職団体のあり方、国家資格化、国際ソーシャルワーク等
クライエント・システム	利用者や家族へのアプローチ（従来のクライエントとその家族に対する支援、援助）	利用者の自助グループや同様の課題をもつ団体の組織化等	患者・利用者の全国団体の組織化等
ターゲット・システム	ターゲットとなる利用者以外の友人、知人、隣人、他専門職への働きかけ等	ターゲットとなるグループ、専門職団体や組織、地域の自治会等への働きかけ等	ターゲットとなる制度・政策、政党、専門職団体、国民の意識への働きかけ等
アクション・システム	アクションを起こす利用者以外の友人、知人、近隣、他専門職への働きかけ等	アクションを起こすグループ、専門職団体や組織、地域社会への働きかけ等	アクションを起こす政党、政治家、専門職団体への働きかけ、国民の意識改革のためのSNSの利用等

出典：石川久展「わが国におけるミクロ・メゾ・マクロソーシャルワーク実践の理論的枠組みに関する考察──ピンカスとミナハンの4つのシステムを用いてのミクロ・メゾ・マクロ実践モデルの体系化の試み」『Human Welfare』第11巻第1号，2019年

表3-4 コミュニティへの介入の基本的戦略

	計画／政策 1	コミュニティの能力開発 2	ソーシャル・アドボカシー 3
1 計画／政策	1.1 主に計画／政策 根拠に基づく計画づくり	2.1 計画／政策による コミュニティの 能力開発計画された能力 開発	3.1 計画／政策による ソーシャル・アドボカシー 社会改革
2 コミュニティの 能力開発	1.2 能力開発による計画／政策 参加型計画づくり	2.2 主に能力開発 能力を中心にした開発	3.2 能力開発による ソーシャル・アドボカシー 連帯組織化
3 ソーシャル・ アドボカシー	1.3 アドボカシーによる 計画／政策 政策アドボカシー	2.3 ソーシャル・アドボカ シーによる能力開発 アイデンティティ活動	3.3 主にソーシャル・ アドボカシー ソーシャル・アクション

出典：Rothman, J., Erlich, L. E., Tropman, J. E. *STRATEGIES OF COMMUNITY INTERVENTION*, Eddie Bowers Publishing co., inc., p.143, 2008. 筆者訳

た実践はメゾレベルであるといえよう。

　しかしながら、みま～もステーションを特定の地理的条件を示す地域内に限定せず、全国のコミュニティにのれん分けをする仕組みを導入したこと、多様な主体が実践に出会い、学びあうプラットフォームとしたことなどを考えると、メゾからマクロレベルにまたがる実践といえる。

　また、ロスマンのコミュニティへの介入の基本的戦略からみると、「2　コミュニティの能力開発」が関連すると考えられる。「2.1　計画された能力開発」に関連する実践として、決められた枠組みに合わせて協賛企業を募るのではなく、協賛企業を更新性とした点があげられる。協賛企業の自己決定を尊重し、活動への参加意識や参加する意味（メリット）をより明確に感じることで参加型の計画づくりが促進される効果があると考えられる。

　地域住民がつながるきっかけとなる活動（地域づくりセミナー、みま～もステーション）により、コミュニティに属する人々のもともともっていた能力をこれまで提供していなかった人々に提供することにつながっている。また、サービスの受け手とされていた高齢者自身が「みま～もサポーター」として登録し、ボランティアとなって運営に参加し活躍することなど、「2.2　能力を中心にした開発」につながった。また、公的機関や専門職の意見を押しつけるのではなく、それぞれの立場で意見を出しやすくするため、定期的に関係者が集まる運営会議を設定し、運営会議の場で活動のすべてを決めている。こうした関係づくりを大切にしながら活動が発展していった点も特筆すべきであろう。つながりが積まれることで、

「3.2　連帯組織化」が促されていった実践と位置づけることができるのではないだろうか。

引用文献

1）全国地域包括・在宅介護支援センター協議会 HP「地域包括・在宅介護支援センターについて」
2）厚生労働省「地域共生社会に向けた包括的支援と多様な参加・協働の推進に関する検討会　中間とりまとめ」
3）みま〜も HP　http://mima-mo.net/

参考文献

・「ソーシャルワーカーの倫理綱領」　http://www.japsw.or.jp/syokai/rinri/sw.html
・日本社会福祉士会「ソーシャルワーク専門職である社会福祉士のソーシャルワーク機能の実態把握と課題分析に関する調査研究事業報告書」2019 年

多文化共生、国内におけるイスラム文化への差別・偏見をなくす実践

1 イスラム文化への差別・偏見をなくす取組みの背景

　私は、多民族国家マレーシアで小中学校時代を過ごした。朝は、近所のモスクから聞こえるお祈りの音で目覚め、両隣は、イスラム教を信仰するマレー系マレーシア人であったことから宗教行事に招待されることも多く、信仰内容や注意点等は両親から聞いて覚えた。通学していたクアラルンプール日本人学校でも毎年交流会があり、イスラム教の信仰について教えてもらうこともあった。週末は地元の柔道道場に行き、さまざまな人種、民族、宗教の同世代と交流していたため、常に多文化を理解する機会に恵まれて育った。

　高校時代に日本に帰国すると、危険な宗教下で育った日本人と差別を受け、嫌な思いをしたため、自身の想いを隠すこともあったが、大学時代は、日本全国から集まる仲間と地方の名産品、観光地、方言等について話す機会が増え、マレーシアの魅力やイスラム教の特徴について語ることも多くなった。

　しかし、世間では、マスコミが戦争や紛争の原因がイスラム教による暴動のごとく報道する等により、この約30年間、日本国内におけるイスラム教への誤解、偏見、差別は強いと感じる日々であった。

> 事例③の根底にある価値・倫理。
> ▶第4章 p.138 参照。

2 介護業界における多文化の理解

　介護業界においては、経済連携協定に基づき2008（平成20）年度インドネシア、2009（平成21）年度フィリピン、2014（平成26）年度ベトナムからの外国人看護師・介護福祉士候補者の受入れが始まった。この12年間で国家資格に合格し、介護施設での経験を積んだ後、リーダー格としてあるいはケアマネジャーとして活躍する人材も育つほか、謙虚で熱心な向上心、高齢者を敬い伝統文化をも学ぶ姿勢等に影響を受ける日本人もあり、よい効果が出ている。そして外国人介護士を受け入れるための多文化理解の機会も増え、イスラム教を正しく理解するための研修等が開催されるようになった。

しかし、一方で、毎日の礼拝、ハラール食品やスカーフを被る必要性等に戸惑うばかりか、その配慮が十分できていない事実もある。そして、イスラム教徒のインドネシア人のなかには、宗教への配慮のない施設から配慮のある施設に転職した事例があるとも聞いている。つまり、国政として外国人介護士の受入れから12年が経過し、優秀な人材育成等の面で成功している一方で、イスラム教への理解はあまり進んでいないように思う。

3 倫理綱領、行動規範と実際

日本社会福祉士会の倫理綱領の原理のⅠ（人間の尊厳）「社会福祉士は、すべての人々を、出自、人種、民族、国籍、性別、性自認、性的指向、年齢、身体的精神的状況、宗教的文化的背景、社会的地位、経済状況などの違いにかかわらず、かけがえのない存在として尊重する」、倫理基準のⅢ（社会に対する倫理責任）「1.（ソーシャル・インクルージョン）社会福祉士は、あらゆる差別、貧困、抑圧、排除、無関心、暴力、環境破壊などに立ち向かい、包摂的な社会をめざす」「3.（グローバル社会への働きかけ）社会福祉士は、人権と社会正義に関する課題を解決するため、全世界のソーシャルワーカーと連帯し、グローバル社会に働きかける」としている。

また、日本介護福祉士会行動規範には、（利用者本位、自立支援）「1. 介護福祉士は、利用者をいかなる理由においても差別せず、人としての尊厳を大切にし、利用者本位であることを意識しながら、心豊かな暮らしと老後が送れるよう介護福祉サービスを提供します」、（利用者ニーズの代弁）「2. 介護福祉士は、社会にみられる不正義の改善と利用者の問題解決のために、利用者や他の専門職と連帯し、専門的な視点と効果的な方法により社会に働きかけます」とある。

しかし、残念ながら、この倫理綱領や行動規範が社会福祉士と介護福祉士に周知徹底され、実践されているとは思えないどころか、**グローバル定義**に基づいたソーシャルワーク、すなわち、「人々のエンパワメントと解放」「社会開発」「社会的結束」「社会変革」、そして、その定義の注釈にある抑圧的な権力や不正義の構造的原因と対決し、それに挑戦するソーシャルワーク専門職が少ないと感じている。

だからこそ、私は、マレーシアで現地の皆さんからお世話になった恩返しの一つとして、私の足元である社会福祉分野においてイスラム教の理解

> 2020（令和2）年に改訂された社会福祉士としての基本となる心構え。
> ▶第1章 p.34 参照。

> ソーシャルワーク専門職としての指針となるもの。
> ▶第1章 p.27 参照。

写真3-8 神奈川県社会福祉士会主催の多文化ソーシャルワーク研修会での記念撮影

写真3-9 国際ソーシャルワーク研究会での発表の様子

を担う架橋になれないかと思うようになった。また「多文化理解」に加え、フィリピン大学でグローバル定義に基づいたソーシャルワークの具体的手法となる住民参加型地域社会開発の手法である Participatory Approach を学んだ者として、グローバル定義に基づいたソーシャルワーク、すなわち、「人々のエンパワメントと解放」「社会開発」「社会的結束」「社会変革」等の普及啓蒙にも取り組もうと決意をした。

４ 神奈川・国際多文化ソーシャルワーク研究会の活動から多文化ソーシャルワーク委員会発足へ

「代弁・社会変革機能」を果たすために必要な主な知識・技術。「機会の最大限の活用」
▶第４章 p.139 参照。

神奈川県社会福祉士会では、2014（平成 26）年、神奈川・国際多文化ソーシャルワーク研究会が自主活動グループとして発足し、私は翌 2015（平成 27）年から参加し、2018（平成 30）年には副会長に就任した。現在、メーリングリストに登録する会員は約 100 名、Facebook グループ登録者は約 200 名である。多文化理解の継続的な活動が評価され、2020（令和 2）年度には、多文化ソーシャルワーク委員会を発足し、私は副委員長を務め

るこことなった。研究会の一部の事業（研修、スタディーツアー）は、神奈川県社会福祉士会の事業として予算付で開催できるようになった。

研究会の主な活動は、各月の研究会に加え、神奈川県社会福祉士会主催の認定社会福祉士認証研修である多文化ソーシャルワーク研修会の企画・運営である。委員会が発足後は研究会は研修会へ移行し、多文化ソーシャルワーク研修の企画運営が主たる事業である。研修の目的は、「複雑な生活課題を抱えながら、地域で暮らす外国人の方々に対して、ソーシャルワーカーはどのような支援ができるのか、本研修では多文化共生をキーワードに外国人支援ソーシャルワークの視点とあり方を学び、外国人の生活課題を理解し、潜在的ニーズを把握し、支援計画を立てるソーシャルワーク実践力を身につけることを目指す」としており、毎年、約30名が全国各地から参加している。そのなかで講師が使用する教材にアニメ動画「ペンギンの国のクジャク」（B. J. ギャラガー、ウォレン・H. シュミット著、田中一江訳）がある。本書は、さまざまな動物が生活する国家でペンギンのみが統治しようとする際、ペンギンの価値観をその他の動物に押しつけようとしても全く機能しないが、ある共通の脅威に対して、さまざまな動物の知恵を共有して解決に至ったことを教えてくれる物語である。特定の人種や宗教が世界を支配する価値観は、今や通じないことを客観的にとらえることができる。

「調査・計画機能」を果たすために必要な主な知識・技術。「既存の計画等の活用」
▶第4章 p.143 参照。

5 イスラム文化との架橋になるために行ったこと

現在、世界における宗教人口は、さまざまな資料を参考にすると、キリスト教、イスラム教、ヒンドゥー教の順に多く、神道と仏教を信仰する多くの日本人は、世界では少数派となる。つまり、今後、日本に外国人が増えるということは他宗教への配慮が必要になるということである。日本国内におけるイスラム教徒（ムスリム）人口は増え続け、2018（平成30）年6月末現在で20万人（外国人ムスリム15万7000人、日本人ムスリム4万3000人）[1]おり、礼拝所であるモスクの数も全国的に増えてきている。参考までにではあるが、日本経済新聞「イスラム教徒、2100年には最大勢力 世界の宗教人口予測」によると、2070年にはイスラム教徒とキリスト教徒が世界人口の32.3％ずつで拮抗し、2100年にはイスラム教徒が35％に達してキリスト教徒を1ポイント上回ると予測していると報道して

「調査・計画機能」を果たすために必要な主な知識・技術。「根拠（エビデンス）の発信」
▶第4章 p.142 参照。

いる。しかし、普段交流のない日本人にとってその実感はないことであろう。

　私自身が架橋の第一歩として始めたのは、イスラム教および日本に住むムスリムの生活について再確認し、2017（平成29）年に開催された川崎市国際交流センターが主催するセミナーに参加し、その一環でトルコ政府が建立したモスク・東京ジャーミイを見学することからであった。案内役の日本人のムスリムは、イスラム教の文明、礼拝の意味、日本で誤解されているさまざまなことへのわかりやすい説明をしてくれた。最後に「皆さんには、今日学んだイスラム教の正しい信仰について、周囲の人に一つでも多く伝えてほしい。きっとマスコミ報道等による誤解、偏見が軽減することでしょう」と話した。まさに学んだことを「代弁機能」を通じて広く啓蒙することは、ソーシャルワークの使命であり、私のすべきことも明確になってきたと再認識した。

「代弁・社会変革機能」を果たすために必要な主な知識・技術。「スーパービジョンの活用」▶第4章 p.140参照。

6 モスク見学ツアー開催に向けた取り組み

　当時、私が情報収集したところ、全国ではモスクは80か所以上、神奈川県においては、横浜市、海老名市、秦野市の3か所あることを知り、それぞれ見学させてもらい、礼拝を熱心に行う姿、平和について語り合う姿を見せてもらった。来客に親切な彼らは、その場で一緒に食事をすることも勧めてくれた。社会福祉士という資格や役割の説明も行い、お役に立てる存在であることも何度か説明させてもらうと、将来、高齢者世代の相談支援や介護サービスの紹介等が必要になってくるかもしれないことをお互いに確認した。まさに「側面的援助機能」「教育・指導機能」「保護機能」の始まりである。そして徐々に信頼関係ができてきたころ、ソーシャルワーク専門職等を対象とした見学ツアーをさせてほしいとお願いしたところ、お引き受けいただけた。「仲介機能」の始まりである。

「調査・計画機能」を果たすために必要な主な知識・技術。「根拠（エビデンス）の発信」▶第4章 p.142参照。

　見学ツアーの目的は、社会福祉士等がムスリムの相談支援を担う際に最低限知っておくべきことの理解、具体的には信仰の内容と非イスラム教徒が接する際のご法度を理解することである。一人でも多くの理解者が増えることで、イスラム教の誤解、偏見、差別が解消されることを目標とした。さらにイスラム教を正しく理解すれば、貧困の理解、相互扶助等を宗教が担っていることを学び、日本人のソーシャルワークの価値観が深まること

写真3-10 海老名モスクの外観

写真3-11 見学ツアーでの講話

も期待した。

　講義や書籍ではなく、見学ツアーとした理由は、多くの人が海外旅行等で価値観が変わるように、実際にその場に足を踏み入れ、モスクの内外を見て、当事者から直接聞くことで真実が伝わると思ったからである。

　神奈川・国際多文化ソーシャルワーク研究会として開催するにあたり、興味関心をもってくれる者もいれば、そうでない者もいたことは否定できない。研究会で活動する専門職でも自身が接する機会の少ない異文化となると十分な理解がないことを知った。その際、日本社会福祉士会の倫理綱領（人間の尊厳）（社会に対する倫理責任）を用いつつ、私自身が見学してきた状況について写真を見せて説明することで、必要性と安心感を得ることができたように思う。まさに足元における「仲介機能」と「調停機能」の実践である。また委員会や支部活動等に真摯に取り組んできたことによる信頼関係の構築も影響したように思う。つまり、日本社会において新しい活動を始めるとき、理念方針の共通認識以上に、それまでの信頼関係の貯蓄があること、そのうえでメリットを含めた説明を丁寧に行うことが重要である。

「代弁・社会変革機能」を果たすために必要な主な知識・技術。「価値・倫理への回帰」
▶第4章 p.140参照。

7 モスク見学ツアーの実際

　2018（平成30）年7月、海老名モスク見学ツアーを企画し、社会福祉士およびイスラム文化の理解に意欲がある一般市民先着10名を募集した

写真3-12 海老名モスク見学ツアーの記念撮影

写真3-13 見学ツアーでの食事会・懇親会

ところ、最終的には15名が参加した。参加目的は、介護現場で共に働いたり、日本語教師として接する機会がある方々が正しい理解をしたいと思ったことに加え、日本社会でも増えているムスリムのことを今のうちに知っておきたい、一人では見学しにくいのでこの機会を利用しようと思った等さまざまであった。

　私は、1回の見学で十分理解することは難しく、事前学習が必要と判断し、申込者には私がまとめた資料を事前にメールで添付送信しつつ、参加動機を確認し、簡単な質問を受け付けるなど配慮した。そしてモスクを見学するにあたって、夏場であるものの肌を露出させない等服装の注意点も事前に確認した。

　当日、最寄り駅で集合後、まずはモスクの近くにあるハラール食を取り扱うレストランに行き、軽食をとりつつ、事前資料の重要部分を再度確認した。

　そして実際に海老名モスクに行き、礼拝の見学後、イスラム教の六信五行と日本での生活の説明を受け、質疑応答の時間を設けたところ、さまざまなやりとりがあった。その詳細は、「10　モスク見学ツアー参加者の変化」で紹介する。イスラム教では、「アッラーと審判の日を信じる人は、隣人によく振る舞いなさい」という教えや「最良のもので食事を振る舞ってお客をもてなす」ことを務めと考えているからか、私たちを歓迎し、食事を振舞っていただき、イマーム（礼拝導師）や複数のムスリムとの意見交換も行うことができた。約2時間モスクで過ごした後、事前に立ち寄ったレストランに戻り、希望者で懇親会を行い、見学ツアーで学んだことを共有した。

写真3-14 大塚モスクの外観

写真3-15 大塚モスク見学ツアーの記念撮影

8 モスク見学ツアー後の拡がり

この見学ツアーの報告は、即日私のFacebookで行ったほか、神奈川県社会福祉士会の広報誌（発行部数約4000部）「かながわの風」21号（2018（平成30）年11月発行）でも紹介され、「また企画してほしい」「ほかのモスクにも行ってみたい」等のお声をいただいた。個人のFacebook（友達1100人強）は即日世界に向けて配信でき、その後の意見交換にも役立ち、職能団体の広報誌に掲載されることは、信頼性があるため、興味関心の低い人への情報提供、関係機関への報告等でも役立つ。

私自身、その後、東京、名古屋、岐阜のモスクを訪問したなかで、驚いたことは、公益社団法人東京社会福祉士会の事務所がある福祉財団ビルの100m先に大塚モスクがあることだった。お互いにその存在を意識していたものの、交流するきっかけがなかったと聞き、東京社会福祉士会国際委員会の仲間に連絡し、見学ツアーの提案をしたところ、委員会の承認も得ることができた。日頃から、都道府県を越えた社会福祉士仲間との信頼関係があったからこそ「仲介機能」を果たせたといえる。

2018（平成30）年12月、東京社会福祉士会国際委員会、公益社団法人東京都介護福祉士会国際協力委員会の仲間と大塚モスク見学ツアーを企画し、20名が参加した。実際、定員以上の申し込みがあったため、その際、再度企画したい旨を伝えることでご理解いただいた程、興味関心の高さを

> 「調査・計画機能」を果たすために必要な主な知識・技術。
> 「根拠（エビデンス）の発信」
> ▶第4章 p.142参照。

実感した。海老名モスクの際とほぼ同様の内容となるが、事前の資料配布、当日の簡単な事前説明、モスク見学、懇親会を行った。前回と違うことは、今後の窓口は私ではなく両会として交流を深めてもらうこと、東京都介護福祉士会との連携により介護現場に必要な情報を発信してもらうことである。この見学ツアーも広報誌「かながわの風」23号（2019（平成31）年4月発行）のほか東京社会福祉士会の広報誌でも紹介された。

⑨ 当事者ニーズの共有

多文化ソーシャルワーク研修会では、神奈川県の特徴を踏まえ、中国人と韓国朝鮮人の生活状況について説明する講師はいるが、イスラムコミュニティについて触れる講師はいないため、イスラム教の理解につながる書籍や資料の閲覧コーナーを設けたほか、休憩時間や懇親会において、研修スタッフの私からも情報提供している。特にモスクの見学ツアーを開催していることは、受講者にとって驚きのようである。また、横浜モスクに通うムスリムのなかには、川崎市外国人市民代表者会議の代表者を務め、ムスリムのニーズや提言を行った人もおり、そのヒアリング内容も紹介した。

私以外にも講師と研修スタッフが参加した「外国籍県民かながわ会議」のオープン会議、川崎市、大和市、藤沢市、相模原市の会議に交代で傍聴して集約した外国人ニーズについても情報を共有した。私個人においては、日頃より、県と川崎市外国人市民代表者会議の定期的な傍聴に加え、年1回開催されるオープン会議に参加し、代表者と意見交換を行い、外国人ニーズや要望に対して、社会福祉士として国、県、市のどこに要望すべき内容であるか、どのように要望すると行政として受け入れやすいか等の意見交換を行っていること、そしてその内容が実際に提言に反映されていることも情報提供している。まさに「調査・計画機能」「代弁・社会変革機能」「スーパービジョン機能」の実践である。各現場における個別支援も大事であるが、市区町村、都道府県レベルにおける会議に出席することで、外国人の総合的なニーズを把握することができ、研究会または委員会で共有すること、その解決に向けた意見交換を行うことも非常に重要である。全国から集う専門職には、新しい学びや視点を取り入れたいと思う動機があり、これらの情報提供や手法の紹介は大いに役立ったようである。そしてこのような活動が神奈川県以外に全国で展開されることを期待して

「代弁・社会変革機能」を果たすために必要な主な知識・技術。「Win-Winの関係性の構築」
▶第4章 p.139参照。

いる。

⑩ モスク見学ツアー参加者の変化

　モスク見学ツアーの参加者からは、「イスラム教を正しく理解するきっかけになった」「戦争好きな危険な集団、女性軽視等の誤解偏見が軽減された」「平和思考が強いことがよくわかった」「介護現場で共にはたらくムスリムのことが今まで以上に理解できるようになった」等の感想をいただいた。

　実際、参加者のなかには、その後、ムスリムの介護士や日本人介護士と学んだことを共有することで職場での理解が深まった等の報告をいただくほか、モスクの寄付活動に賛同し、タオル等を集めてモスクに届けたという連携にも発展した。

⑪ 理解を深める新たな場

　また、2020（令和2）年5月、介護の国際化、多文化理解力を目指す交流の場「ワールドケアカフェ」（張福祉コンサルティング主催）にて、外国人介護士を支援する介護職員と日本語教師を対象にモスク見学ツアーを紹介しつつ、イスラム教の正しい理解について話をした。他講師もイスラム教の理解に関する講義を続けたため、興味関心を示す専門職が増えているように思う。実際、主催者やゲストスピーカーによると、私を含め、イスラム教を理解する人がいることで、スカーフを巻く体験会を含め、イスラム文化の知識、慣習について安心して話すこともできるとのことだった。まさに「連携機能」の実践でもある。つまり、異文化を語る際、少数派は多数派に反論されないよう、周囲の反応を警戒しながら言動を行うことがあるが、周囲に理解する人がいれば、徐々に自身の宗教やその価値観について語ることができるようになり、正しい理解への第一歩となる。

　私自身は、その後もモスクに立ち寄ったり、日本ムスリム平和連盟のセミナーに社会福祉士仲間と参加し、モスクでお世話になった人々とも懇親を深めている。また特定非営利活動法人多言語社会リソースかながわ（MICかながわ）が主催するイスラム教の勉強会を始め、さまざまな場でイスラム教を正しく理解するための場に参加している。

　それでは、モスク見学ツアー等で参加者が学んだこととソーシャルワー

ク専門職に知っておいてほしい内容を少し具体的に紹介したいと思う。

イスラム教の基本

①六信五行

　まず、六信五行とは、アッラーを信ずること、アッラーの諸天使を信ずること、アッラーの諸啓典を信ずること、アッラーの諸預言者を信ずること、来世を信ずること、運命を信ずることという六信、信仰告白（シャハーダ）、お祈り（サラー）、喜捨（ザカー）、断食（サウム）、巡礼（ハッジ）の五行のことである。

　インドネシア等のイスラム教を信仰する介護士を迎え入れる施設では、この六信五行については、最低限の理解と配慮をお願いしたいところである。1日5回の礼拝は、本来、定められた時間に行うものであるが、施設の休憩時間等に合わせて2回分を同時に行う人もいる。施設では、そのための身を清め礼拝をするスペースを準備しているところもある。

　喜捨は、「宗教上の規定に即して豊かであるとされるムスリムが、毎年財産やお金の40分の1をムスリムの貧しい人々に寄付する」という行いであり、思いやりの気持ちをもち、友情を深め、連帯感を強化する意味をもつ。今般、宗教とソーシャルワークをテーマとした学会が日本でも開催されているが、イスラムソーシャルワークの特徴の一つは、この喜捨でもある。2011（平成23）年の東日本大震災や2016（平成28）年の熊本地震の際には、いち早くムスリムが集い、被災地に食料を運んで寄付したり、炊き出し活動を積極的に担ってきたことからも喜捨の精神がわかる。

　断食は、毎年、夜明けから日没まで1か月断食をすることで、❶自制心を習得、❷食べ物や恵等の価値を実感、❸貧困な人を想う気持ちを養うこと等以外に、家族と一緒に過ごす時間を楽しんだり、世界の平和を追求する絶好の機会となる。ちなみに❶〜❸の意味もあり、断食というより「斎戒」と表現するほうが正しい理解につながるだろう。ソーシャルワーク専門職にも必要な視点である。

②ハラール食

　そもそも食事については、イスラーム法において合法なものをハラール、非合法なもののことをハラームといい、前者は野菜、果物、穀物、牛乳、鶏卵、大半の魚類、イスラーム法にのっとって処理された豚肉以外の食肉等を指している。ハラームの食品は食べず、お酒は飲まないため、一

緒に食事をする際は、最近増えてきているハラール認証のレストランや食品を選ぶといい。

③スカーフの着用

そのほかに多い質問には、「なぜ、女性はスカーフを被るのか」である。その理由は、「家族以外の男性に自身の髪を見せない」「むやみやたらに男性を誘惑しないようにする」という教えがあり、あえて美しさを隠していると考えられている。

④ダルーラという考え方

手術における「アルコール消毒」は、身体に害を及ぼすと考えられており、基本的には使用しない。しかし、アルコール消毒、ハラールではない医薬品の使用等は、「身体、生命、財産に危険が及ぶ場合、ほかに代替手段がなければ禁止行為を行っても罪は成立しない」という「不可欠性」の規定があり、その考えを「ダルーラ」という。なお、今般の新型コロナウイルスの予防対策として手洗いやアルコール消毒の必要性が指摘されて以降、モスク前にもアルコール消毒液が常設されるようになってきている。

イスラム教は厳しいと誤解されているが、礼拝時間の調整、断食での免除、ダルーラという考え方等が示すとおり、柔軟な解釈ができる宗教であるといわれており、ソーシャルワーク専門職がムスリムの相談支援を担う際には、丁寧な情報共有を行えば、課題解決ができると思う。

ここでは、イスラム教について多々説明したが、イスラム教を理解するうえでの最小限の情報であり、私が感じる最も誤解されていることに注目してまとめた。一通り読んでいただければ、きっとその意味をご理解いただけるものと思う。なお、私自身がムスリムではないため、上記に紹介した内容は、文献やヒアリングで学んだ範囲でまとめ、東京大学人文社会系研究科アジア文化研究科専攻（イスラム学）博士課程でご自身がムスリムでもある平野貴大氏に事実確認をお願いした。さらなる詳細は、参考文献等を参照いただきつつ、当事者から学んでほしいと思う。

12 今後の外国人支援の課題と展開

公益社団法人日本社会福祉士会が主催した滞日外国人支援基礎力習得のためのガイドブック活用研修では、「現状では外国人支援に日常的にかかわる社会福祉士等は少なく、外国人の支援に関する知識を得る機会も乏し

い状況にある」との見解を示した。ソーシャルワーク専門職が本格的に外国人支援をするのはこれからである。日本で生活する外国人が増え、生活課題も複雑多様化するなか、国際交流機関の外国人相談員や日本語教師では対応が困難な事例も出てきている。多文化領域で活動できるソーシャルワーク専門職の育成が急務である。

　日本社会福祉士会は、滞日外国人支援基礎力習得のためのガイドブック活用研修を e- ラーニング講座で配信し、神奈川県社会福祉士会では 2017（平成 29）年度から多文化ソーシャルワーク研修を企画運営している。しかし、その研修等で取り扱われる事例の多くがキリスト教徒の通う教会等と連携してヒアリングしたものである。今回の活動事例紹介を通じて、日本で増加しているムスリムの理解にもつながり、さまざまな民族、人種、国籍、宗教等への誤解、偏見、差別の軽減または解消の可能性となりうることを大変うれしく思う。

　2018（平成 30）年 3 月に開催された国際ソーシャルワーク研究会では、シンガポールのロータリーファミリーサービスのアムラン・ジャミル所長は、その講演のなかで、多民族国家シンガポールでは、人種、宗教、文化等の違いがあるものという前提で、相手から教えてもらいつつ、相手を尊重し、相手に合わせた相談業務を担うという。今後、日本社会福祉士会においても外国人を対象としたアセスメントやヒアリングの手法を紹介する研修の企画が必要だと思う。

　また、多文化共生社会を実現するためには、差別を解消するほかにも外国人も参加しやすい配慮や体制づくりが必要である。

　大塚モスクでは、幼少期からクルアーンを学ぶためにも独自で幼稚園を運営しており、公益財団法人かながわ国際交流財団では子育て中の母親に対する栄養指導や弁当づくりの教室を開催する等、当事者やソーシャルワーク専門職以外の専門職がかかわってくる。私の知る限り、神奈川県においては外国人が日本語のみで開催する介護予防教室には参加しにくいため、アルゼンチン出身の介護福祉士がスペイン語圏出身者向けに介護予防教室を開催しており、神戸ではベトナム人が自ら介護保険の訪問介護事業所を運営している。川崎区桜本地区では、在日韓国朝鮮人も一緒に楽しめる通所介護事業所が運営されている。しかし、全国各地の多くでは、介護保険料を納めているにもかかわらず、外国人が利用しやすい環境にはなっ

ていない。つまり「組織化機能」ならびに外国人も利用しやすい新しいサービスづくり等の社会開発が必要である。

13 今後のマクロソーシャルワーク実践者へ

　マクロソーシャルワークの実践は、長期的かつ継続的な活動が必要であり、今後、多文化ソーシャルワークに携わるソーシャルワーク専門職もその覚悟と決意が必要である。そのためには、当事者性が必要なのかもしれない。外国人は差別のない日本社会にならない限り、安心して生活できない。私自身も同様の経験をしてきたからこそ、マクロソーシャルワークの実践に携わる覚悟と決意がある。

　ここでいう当事者性とは、狭義でいう障害者や外国人等共通の立場における共通の課題を有していることであるが、広義でいうならば、一部の支配層によって国政が動かされ、国民の声が届かない社会構造下において日本で生活する者ともとらえることができる。

　フィリピンの学識経験者、活動家、住民からは、「日本人がフィリピンで直接的な国際協力活動に従事してくれることはありがたいが、それ以上に一部の富が政治経済を牛耳る社会構造を共に変革することが必要であり、日本にもある社会構造の改革とその共有こそが真の連帯である」とアドバイスを受けた。今私ができることは、私がお世話になったイスラム教徒への誤解、偏見、差別を解消するための多文化理解を促進する活動と同時に、イスラム教の価値観を通じて日本のソーシャルワークのあり方を見直す機会を設けることである。そしてムスリムを始め、いかなる宗教を信仰していても差別されることなく、安心して外国人が来日できる環境をつくることである。

　私が在住在勤する川崎市では、2020（令和2）年7月、全国で初めて罰則規定を設けた「川崎市差別のない人権尊重まちづくり条例」が施行された。その1年前、「（仮称）川崎市差別のない人権尊重のまちづくり条例」（素案）に対する意見募集があり、一時期、ヘイトスピーチを行ってきた側による反対意見が殺到していると聞いた。私はモスク見学ツアーの参加者を含む社会福祉士等に対して、素案に賛同し、差別のない社会を願うこと、そのために社会福祉士は倫理綱領に基づいて協力できること等を意見として提出しようと呼びかけた。また、川崎市において長年差別を受けてきた

「代弁・社会変革機能」を果たすために必要な主な知識・技術。「機会の最大限の活用」
▶第4章 p.139 参照。

韓国朝鮮人、中国人等だけの問題ではなく、誤解・偏見も絶えないムスリムにとっても差別のないまちづくりは共通の願いであり、意見募集の提出を呼びかけた。結果1万8243通（意見総数2万6514件）の意見が集まり、報道等によると賛成が反対を上回ったようである。

　現在、意見募集や署名等は、ネット上でも簡単にできる時代である。社会福祉士等のソーシャルワーク専門職は、世の中の現実から目を背けたり、傍観者にならず、社会福祉士の倫理綱領に基づき、積極的にソーシャルアクションを実践したいものである。

　私は、多文化理解のほか、フィリピン大学で学んだ住民参加型地域社会開発の手法であるParticipatory Approachのポイント、グローバル定義に基づいたソーシャルワークの手法、障害当事者運動から学んだこと、パブリックコメントやモデル事業から政策提言する具体例等を社会福祉士や介護福祉士向けに講義もしてきたが、今後も継続したいと思う。

　社会福祉士の倫理綱領の倫理基準Ⅲ（社会に対する倫理責任）「2.（社会への働きかけ）では社会福祉士は、人権と社会正義の増進において変革と開発が必要であるとみなすとき、人々の主体性を活かしながら、社会に働きかける」とされており、外国人を含む当事者のニーズを理解し、国政等に反映する支援も担うべきであり、今後、そのような仲間が増えることを願っている。

　最後に、このような一部執筆の機会をいただいた日本社会福祉士会に感謝を申し上げたい。以前、ある全国規模の研究会に参加した際、ある教授が「学識経験者はもっと現場の声に耳を傾けるべき、そして現場の人間はもっと声を上げるべき」と話していた。私は、大学を卒業する際に卒業論文は書いているものの、その後、修士課程を修了している訳でもなく、養成校で教鞭をとっているような学識経験者ではない。しかし、社会福祉士として現場での活動をミクロ、メゾ、マクロで実践してきた。その活動を紹介できたことを大変うれしく思うと同時に、今後も仲間と共にグローバル定義に基づいたソーシャルワークを実践・普及していきたい。

（木村　有孝）

事例を読み解く

1 事例③の根底にあるもの

　事例提供者の木村氏（神奈川県社会福祉士会）の事例には、昨今、社会で期待される社会福祉実践の背景にある要素がつまっているようにみえる。その要素とは **図3-7** にもあるように、まず、一つ目として、ソーシャルインクルージョン[*1]、つまり、人を排除することなく、すべての人々が共に支えあう社会の実現である。二つ目に、ダイバーシティ[*2]、多様性の承認である。三つ目に SDGs（Sustainable Development Goals）[*3]である。これは、2015 年の国連サミットで加盟国の全会一致で採択された、「誰一人取り残さない（leave no one behind）」持続可能でよりよい社会の実現を目指す世界共通の目標であり、2030 年を達成年限とする 17 の国際目標である。現在、企業等の連携においても社会の共通ツールになりつつある。

　上記のように、この三つが重要視されつつある今、多文化共生、偏見や差別の解消は大きな課題であるといえる。

　多文化共生は、社会福祉士の養成や実践のなかでもますます重要になってくる。まずは宗教や文化などを知ることからはじめて、それをどうマクロ実践の取組みとして行うのか考えていく必要がある。

[*1]　社会的包摂と訳されてきた。取り残されない社会を目指す。

[*2]　多様性の承認であり、社会として成熟した状態を目指す。

[*3]　国連で採択された持続可能な開発目標を指す。

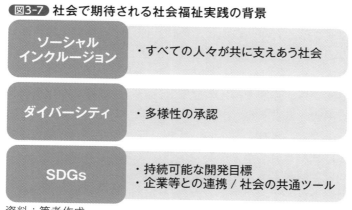

図3-7 社会で期待される社会福祉実践の背景

ソーシャルインクルージョン	・すべての人々が共に支えあう社会
ダイバーシティ	・多様性の承認
SDGs	・持続可能な開発目標 ・企業等との連携／社会の共通ツール

資料：筆者作成

2 事例③を読み解くポイント

木村氏の事例を読み解くポイントとして、以下の四つがあげられる。

① 海外生活を通しての多文化共生、多文化理解に対する問題意識

木村氏は海外で暮らし、海外で教育を受けた経験があり、そういったなかから、多文化共生、多文化理解に対する問題意識をもっていた。イスラム教への差別・偏見をなくす取組みを行う大きなきっかけであるといえる。ただし、海外在住のような大きな経験でなくても身近な経験から問題意識のきっかけとなることも付記したい。

② ソーシャルワーク専門職としての意図的なマクロ実践

ソーシャルワーク専門職としての意図的なマクロ実践を行っている点は大きな特徴である。ソーシャルワーク専門職のグローバル定義と社会福祉士の倫理綱領から、それぞれ本事例にかかわる部分を提示したい。

本章第1節にも記したように、ソーシャルワーク専門職のグローバル定義のうち、日本における展開は、日本に住むすべての人を対象にしており、多様な文化を尊重した実践を展開し、宗教や国籍にかかわらず、必要な支援がシームレスに利用できるような実践が求められている。日本社会福祉士会の倫理綱領にもあるように、人種、民族、国籍、宗教的文化的背景などの違いを尊重することや、共生に基づく社会正義の実現、地域社会に存在する多様性を認識し、それらを尊重する社会の実現など、支援にあたっての基盤となる要素を提示している。

また、エンパワメントアプローチにつながる側面もある。差別や疎外などにより、パワーレスな状況に陥りがちな外国人をいかに支援していくのかという多文化共生社会の課題解決に向けた一つの取組みであるともいえる。

表3-5 ソーシャルワーク専門職のグローバル定義の日本における展開

- ソーシャルワークは、人々と環境とその相互作用する接点に働きかけ、日本に住むすべての人々の健康で文化的な最低限度の生活を営む権利を実現し、ウェルビーイングを増進する。
- ソーシャルワークは、差別や抑圧の歴史を認識し、多様な文化を尊重した実践を展開しながら、平和を希求する。
- ソーシャルワークは、人権を尊重し、年齢、性、障がいの有無、宗教、国籍等にかかわらず、生活課題を有する人々がつながりを実感できる社会への変革と社会的包摂の実現に向けて関連する人々や組織と協働する。
- ソーシャルワークは、すべての人々が自己決定に基づく生活を送れるよう権利を擁

護し、予防的な対応を含め、必要な支援が切れ目なく利用できるシステムを構築する。

表3-6 日本社会福祉士会倫理綱領（抜粋）

Ⅰ（人間の尊厳）社会福祉士は、すべての人々を、出自、人種、民族、国籍、性別、性自認、性的指向、年齢、身体的精神的状況、宗教的文化的背景、社会的地位、経済状況などの違いにかかわらず、かけがえのない存在として尊重する。

Ⅲ（社会正義）社会福祉士は、差別、貧困、抑圧、排除、無関心、暴力、環境破壊などの無い、自由、平等、共生に基づく社会正義の実現をめざす。

Ⅴ（多様性の尊重）社会福祉士は、個人、家族、集団、地域社会に存在する多様性を認識し、それらを尊重する社会の実現をめざす。

③ グループの活動と継続的な実践

さらに、大きなポイントとして、グループの活動と継続的な実践があげられる。

木村氏の活動実践としては、神奈川県社会福祉士会における動きが軸になっており、会での動きは大まかにみると、2014（平成26）年に神奈川・国際多文化ソーシャルワーク研究会が発足し、2015（平成27）年に木村氏が参加し、2018（平成30）年には副会長になっている。2020（令和2）年度には、多文化ソーシャルワーク委員会を発足し、各月の研究会と研修の企画・運営を行っている。研究会と連携し、メーリングリスト約100名、Facebookグループ登録者約200名とSNSと連動した取組みを展開している。このように組織化し、組織にもはたらきかけながら協働することで、継続的な実践が可能になっている。

また、多文化ソーシャルワーク委員会の研修の目的は、「複雑な生活課題を抱えながら、地域で暮らす外国人に対して、ソーシャルワーカーはどのような支援ができるのか、本研修では、多文化共生をキーワードに外国人支援ソーシャルワークの視点とあり方を学び、外国人の生活課題を理解し、潜在的ニーズを把握し、支援計画を立てるソーシャルワーク実践力を身につけることを目指す」としている。その一環として、ムスリムに目を向け、モスクの見学ツアーなどの活動も継続的に実施することで、参加者の意識の変化や活動の拡がりにつながっている。

④ 外国人が抱えるニーズの情報共有

「仲介機能」や「調査・計画機能」を発揮しながらモスク見学ツアーを実施し、ムスリムのニーズを共有したり、各会議で外国人ニーズの情報を把握・共有したりして「社会変革機能」を実践している点は大きな特徴である。なお、各ソーシャルワーク機能については第4章に詳述されているので参照されたい。

表3-7 四つのシステムからみた三つの実践レベル

	ミクロレベル 利用者や個人	メゾレベル グループ、組織、地域社会	マクロレベル 制度・政策、社会意識
ワーカー・システム	ワーカー個人やワーカー仲間（個人レベルでの専門職知識や技術の向上など）	ワーカーが所属する組織、専門職団体等の働きかけ等（専門職による会議等も含む）	専門職団体のあり方、国家資格化、国際ソーシャルワーク等
クライエント・システム	利用者や家族へのアプローチ（従来のクライエントとその家族に対する支援、援助）	利用者の自助グループや同様の課題をもつ団体の組織化等	患者・利用者の全国団体の組織化等
ターゲット・システム	ターゲットとなる利用者以外の友人、知人、隣人、他専門職への働きかけ等	ターゲットとなるグループ、専門職団体や組織、地域の自治会等への働きかけ等	ターゲットとなる制度・政策、政党、専門職団体、国民の意識への働きかけ等
アクション・システム	アクションを起こす利用者以外の友人、知人、近隣、他専門職への働きかけ等	アクションを起こすグループ、専門職団体や組織、地域社会への働きかけ等	アクションを起こす政党、政治家、専門職団体への働きかけ、国民の意識改革のためのSNSの利用等

出典：石川久展「わが国におけるミクロ・メゾ・マクロソーシャルワーク実践の理論的枠組みに関する一考察——ピンカスとミナハンの4つのシステムを用いてのミクロ・メゾ・マクロ実践モデルの体系化の試み」『Human Welfare』第11巻第1号，2019年

3 システムやモデルからみる事例③

　続いて、「四つのシステムからみた三つの実践レベル」のモデルに落とし込みながら、事例の取組みをみていく。

　ワーカー・システムをマクロレベルでみると、国際ソーシャルワークの取組みだといえる。もちろん、その前にメゾレベルとしての神奈川県社会福祉士会という職能団体での行動も伴っている。

　クライエント・システムでみると、専門職としてのスキルアップとして取組みを行っており、直接クライエントの組織化につながらないため、ここには当てはめづらいかもしれない。

　ターゲット・システムとしてみると、ソーシャルワーク専門職がムスリムの相談支援を担う際に最低限知っておくべきことの理解（信仰の内容とイスラム教徒に接する際のご法度）や、イスラム教への誤解、偏見、差別が解消されることを目標として、メゾレベルおよびマクロレベルでの実践を行っていることがわかる。神奈川県社会福祉士会の活動をベースに見学ツアーを計画・実施し、見学ツアー後の取組みとして、神奈川県社会福祉士会の広報誌（約4000部）やFacebookで報告を掲載している。さらにモスクの寄付活動に賛同した参加者がタオル等を集めてモスクに届ける連携を行うなど波及効果が生じている。

専門職団体である日本社会福祉士会として、神奈川県社会福祉士会の活動から波及し、ほかの都道府県会での研修や見学の実施にもつながり、多文化共生を学ぶことでマクロ実践を意図したソーシャルワーク実践のスキルアップにもつながっている。

アクション・システムとしてみると、神奈川県社会福祉士会は、研修や見学ツアーの内容をさらに、職場内で情報提供するなど副次的な取組みにもつなげている。また、研修や見学ツアーの参加者を中心に、「川崎市差別のない人権尊重のまちづくり条例」（素案）に対して賛同の意見を提出するなど、社会へ目を向け活動するソーシャルワーク専門職としてのミクロレベルからマクロレベルでの実践を行っている。

4 木村氏による実践の成果と課題

事例③の成果として、「日本で増加しているムスリムに対する理解の拡大、さまざまな民族、人種、国籍、宗教等への誤解、偏見、差別の軽減または解消の可能性」がある。また、多文化共生社会を実現するため、差別を解消するためにも外国人も発信の場に参加しやすくする配慮や体制づくりといった当事者がかかわる仕組みづくりを行っている点もポイントである。ソーシャルワーク専門職をはじめとする専門職や職能団体、さらには行政、地域などそれぞれの活動のあり方が事例からはみえてきたが、多くの当事者とどう一緒に活動していくか、さらなる取組みにも期待したい。

また、多文化領域で活動できるソーシャルワーク専門職の育成が課題として提示されているが、資格取得に向けた専門職養成だけでは難しく、資格取得後の教育が問われているように思われる。

5 木村氏の事例を通してのまとめ

個人としての問題意識をいかにソーシャルワーク実践につなげるのか、そして、ソーシャルワーク専門職としての意図的なマクロ実践をどう推進していくのか、について多くの示唆を得た事例だったように思う。

多文化共生に向けた多文化の理解や当事者のニーズの把握、差別・偏見の解決に向けた計画・運営、職能団体をベースにしたグループ活動、活動の波及効果などを、ソーシャルワーク専門職としてのスキルを用いて、取り組むべき課題について着実に実施している点が興味深い。神奈川県社会福祉士会という職能団体をベースにはたらきかけを継続して行っていくのも、大きなヒントとなる。

マクロレベルの実践を継続的に実施していくには、個人でできることに限界がきてしまう場合もあるため、自らそういった活動の場を見つけることからはじめるのもこの事例からの

学びであるように思われる。

引用文献

1）店田廣文「世界と日本のムスリム人口 2018 年」『人間科学研究』第 32 巻第 2 号，pp.253-262，2019 年

参考文献

・大濱裕「参加型地域社会開発（PLSD）の理論と実践——新たな理論的枠組みの構築と実践手法の創造」，ふくろう出版，2007 年
・「イスラームの基本知識　信仰・崇拝行為・徳・預言者ムハンマドの生涯」宗教法人東京・トルコ・ディヤーナト・ジャーミイ
・瀧井宏臣「モスクへおいでよ」小峰書店，2018 年
・公益社団法人かながわ国際交流財団「イスラームの子どもたちを理解するために」2018 年 3 月改正
・「イスラム教徒、2100 年には最大勢力　世界の宗教人口予測」日本経済新聞 2015 年 4 月 6 日付
・公益社団法人日本社会福祉士会「滞日外国人支援基礎力習得のためのガイドブック」2019 年
・「(仮称) 川崎市差別のない人権尊重のまちづくり条例」(素案) に関するパブリックコメント手続の実施結果について、川崎市 HP 2019 年 11 月 15 日付
・石川久展「わが国におけるミクロ・メゾ・マクロソーシャルワーク実践の理論的枠組みに関する一考察——ピンカスとミナハンの 4 つのシステムを用いてのミクロ・メゾ・マクロ実践モデルの体系化の試み」『Human　Welfare』第 11 巻第 1 号，pp.25-37，2019 年
・『厚生労働省平成 30 年度生活困窮者就労準備支援事業費等補助金社会福祉推進事業　ソーシャルワーク専門職である社会福祉士のソーシャルワーク機能の実態把握と課題分析に関する調査研究事業　報告書』2019 年 3 月
・外務省「SDGs」 https://www.mofa.go.jp/mofaj/gaiko/oda/sdgs/index.html
・「ソーシャルワーク専門職のグローバル定義」「ソーシャルワーク専門職のグローバル定義の日本における展開」2017 年　公益社団法人日本社会福祉士会 HP　https://www.jacsw.or.jp/06_kokusai/index.html#kokusaiiinnkai
・「社会福祉士の倫理綱領」2020 年　公益社団法人日本社会福祉士会 HP　https://www.jacsw.or.jp/citizens/rinrikoryo/documents/rinri_koryo.pdf

参考資料

・下山茂「イスラームここが知りたい毎日 1 〜29」YouTube 配信（2021 年 9 月 1 日現在）

第 **4** 章

ソーシャルワーク専門職に求められるマクロレベルのソーシャルワーク機能

第4章では、マクロレベルのソーシャルワーク機能とは何か、当該機能を発揮するには、ソーシャルワーク専門職にどのようなことが主に求められるのかを第3章の事例を用いながら述べる。

ソーシャルワーク専門職の主要な機能

　ソーシャルワーク専門職の主要な機能とは、人間が抱える生活課題を「社会的状況や環境とのつながりのなかで把握し、個人と個人を取り巻く社会環境、および両者の関係に対するはたらきかけ」のことである。その「はたらきかけ」には、 表4-1 のとおり四つの「目的」と14の「機能」がある。

　目的の一つ目である「当事者の問題解決・課題達成能力や環境への対処能力の強化」には、①側面的援助機能、②代弁機能、③直接支援機能、④教育・指導機能、⑤保護機能がある。

　目的の二つ目である「当事者の社会資源との関係構築・調整」には、⑥仲介機能、⑦調停機能、⑧ケア（ケース）マネジメント機能がある。

表4-1 ソーシャルワーカーに求められる主な目的と機能

目的	機能	レベル
（1）当事者の問題解決・課題達成能力や環境への対処能力の強化	① 側面的援助機能 ② 代弁機能 ③ 直接支援機能 ④ 教育・指導機能 ⑤ 保護機能	ミクロ
（2）当事者の社会資源との関係構築・調整	⑥ 仲介機能 ⑦ 調停機能 ⑧ ケア（ケース）マネジメント機能	
（3）機関や施設の効果的な運営や相互の連携の促進	⑨ 管理・運営機能 ⑩ スーパービジョン機能 ⑪ ネットワーキング（連携）機能	メゾ
（4）制度や施策の改善・発展、または社会全体の変革の促し	⑫ 代弁・社会変革機能 ⑬ 組織化機能 ⑭ 調査・計画機能	マクロ

出典：公益社団法人日本社会福祉士会編集「基礎研修テキスト上巻」pp.36-43，2015年より著者作成

目的の三つ目である「機関や施設の効果的な運営や相互の連携の促進」には、⑨管理・運営機能、⑩スーパービジョン機能、⑪ネットワーキング（連携）機能がある。

目的の四つ目である「制度や施策の改善・発展、または社会全体の変革の促し」には、⑫代弁・社会変革機能、⑬組織化機能、⑭調査・計画機能がある。

表4-1 に示したレベルとは、「ソーシャルワーク専門職である社会福祉士のソーシャルワーク機能の実態把握と課題分析に関する調査研究」（以下、2018年実態調査）においてミクロ・メゾ・マクロレベルをどのように区分したかを示したものである。14の機能のなかで「ミクロ・レベル」を①側面的援助機能、②代弁機能、③直接支援機能、④教育・指導機能、⑤保護機能、⑥仲介機能、⑦調停機能、⑧ケア（ケース）マネジメント機能の八つの機能とした。「メゾ・レベル」は、⑨管理・運営機能、⑩スーパービジョン機能、⑪ネットワーキング（連携）機能の三つの機能とし、「マクロ・レベル」は、⑫代弁・社会変革機能、⑬組織化機能、⑭調査・計画機能の三つの機能と分析上定義した。

第2節　本書におけるマクロレベルのソーシャルワーク機能

まず、第1章・第2章で既述のとおり、「社会的な資源の配分の不平等・不公正の状況の結果として人や集団のウェルビーイングが阻害される状況の変化を促すことを目指して、ソーシャルワークはミクロ・メゾ・マクロレベルを一体的な対象」としていることを押さえたい。このことを踏まえ、以下にソーシャルワーク専門職が基礎として学ぶソーシャルワーク機能が記載された 表4-1 の日本社会福祉士会編集「基礎研修テキスト」（2015年4月）を参考に、各機能を概観する。そのうえで、本書における主なマクロレベルのソーシャルワーク機能として「代弁・社会変革機能」「組織化機能」「調査・計画機能」を説明する。

①「側面的援助機能」とは、ソーシャルワーク専門職が、当事者の問題解決・課題達成能力や環境への対処能力を強化するために、問題・課題を抱える当事者自らの「強さ」（Strength）を見出し、その課題解決に向けての当事者自身による主体的な取組みを促進することである。

②「代弁機能」とは、ソーシャルワーク専門職が、当事者の問題解決・課題達成能力や環境への対処能力を強化するために、当事者が自らの希望や要求などを主張できずに、その権利が侵害されかねない場合などに、当事者やその家族を「弁護」し、彼らの訴えを

「代弁」することである。

③「直接支援機能」とは、ソーシャルワーク専門職が、当事者の問題解決・課題達成能力や環境への対処能力を強化するために、当事者に直接的にかかわり、支援する業務に携わりながら、当事者の生活全体を支援することである。

④「教育・指導機能」とは、ソーシャルワーク専門職が、当事者の問題解決・課題達成能力や環境への対処能力を強化するために、当事者自身が現在抱えている問題・課題状況を理解し対処していくための方法や利用できるサービスに関することなど、さまざまな知識を活用できるよう、当事者に対して教育的・指導的なかかわりを行うことである。

⑤「保護機能」とは、ソーシャルワーク専門職が、当事者の問題解決・課題達成能力や環境への対処能力を強化するために、当事者が社会生活上の深刻な問題を抱え、生命の危機的状況にあるような場合に、危険な状況を回避し、安全な環境を確保し、保証することである。

⑥「仲介機能」とは、ソーシャルワーク専門職が、当事者の社会資源との関係構築・調整のために、当事者とそのニーズに応じた適切な社会資源とのあいだを媒介し、結びつけることである。

⑦「調停機能」とは、ソーシャルワーク専門職が、当事者の社会資源との関係構築・調整のために、家族や関係者間で意見の違いがあったり、組織や集団内あるいは地域住民相互のあいだに葛藤があるときなど、合意形成を図るべく、それらの関係に介入することである。

⑧「ケア（ケース）マネジメント機能」とは、ソーシャルワーク専門職が、当事者の社会資源との関係構築・調整のために、フォーマル・インフォーマルな社会資源が相互に有機的な連携を果たしながら包括的に利用が可能となることである。

⑨「管理・運営機能」とは、機関や施設の効果的な運営や相互の連携を促進するために、機関や施設全体の管理・運営業務に携わることである。自らが所属する組織や機関、施設が提供するサービス内容の改善やサービスの質の維持・向上に努力し、当事者や地域から信頼される機関、施設づくりを行うことである。

⑩「スーパービジョン機能」とは、ソーシャルワーク専門職が、機関や施設の効果的な運営や相互の連携を促進するために、職場内あるいは外部のスーパーバイザーから、適切なサービスの提供を可能にする職員集団づくりや運営、有能なソーシャルワーク専門職の育成のための指導、また、ソーシャルワーク専門職に対する精神的な側面でのサポートなどを目的にスーパーバイジーとして受けることである。

⑪ネットワーキング（連携）機能とは、ソーシャルワーク専門職が、機関や施設の効果的

な運営や相互の連携を促進するために、地域に存在する施設や機関、また医療、保健、福祉など各種サービスやその従事者、地域住民による組織やボランティア団体などが、相互に連携してネットワークを形成し有効に機能するよう促すことである。

⑫「代弁・社会変革機能」とは、ソーシャルワーク専門職が、さまざまな同一性に基づくタイプのコミュニティの立場を代弁し、社会、グローバルな制度や施策の改善・発展または社会全体の変革を促すものである。

⑬「組織化機能」とは、ソーシャルワーク専門職が、さまざまな同一性に基づくタイプのコミュニティの組織化を図る。そのコミュニティが主体となって社会変革に取り組み、問題・課題の解決にはたらきかけることである。

　なお、ここでいう「組織化」は、組織内部で構成メンバー間の支え合いやサービスへのアクセシビリティを高める等のメゾレベルの実践ではなく、社会不正義、慣習等の変革を目指して展開する意図的な組織化、組織運営管理等マクロレベルの実践を指す。

⑭「調査・計画機能」とは、ソーシャルワーク専門職が、さまざまな同一性に基づくタイプの社会、グローバル等に対する量的または質的な調査を行い、コミュニティ実践、組織運営管理、政策実践に関する計画策定や評価に携わるとともに、計画的に進めることである。

※下線は 表4-2 と異なる箇所を示している。

表4-2 2018年実態調査で用いたソーシャルワーク機能の説明（参考）

クライエントの問題解決能力や環境への対処能力を強化するための機能		
1	側面的援助機能	クライエントと周囲の環境に働きかけながら、その主体性や自己決定を心理的・社会的に支え、生活の場における自立生活実現のために側面的に援助する機能。
2	代弁機能	サービス利用者が不利益を被ることのないようにその権利を守る代弁者としての機能。クライエント・アドボカシーあるいはケース・アドボカシーといわれる。自らの希望や要求などを主張できずに、その権利が侵害されかねない場合などに、ソーシャルワーカーがクライエントやその家族を「弁護」し、彼らの訴えを「代弁」するという機能。
3	直接支援機能	クライエントに直接的に関わり、支援する機能。クライエントの相談援助業務を中心としながらも「生活場面面接法」という面接法を用いるなど、クライエントの日常的な生活場面を共有する関わりからクライエントの生活全体を支援する機能。
4	教育・指導機能	クライエントが必要とする情報の提供、クライエントが抱えている問題に対処するための方法、利用できるサービスに関することなどを求められた場合に、クライエントに対して必要な情報を分かりやすく提供することでクライエントの生活を支援する機能。

5	保護機能	クライエントの生命や生活の安全を確保・保障するための保護者としての機能。深刻な生活上の問題を抱えるクライエントに対して、必要に応じて法律や制度、専門的権威に裏付けられた介入を行う機能。

クライエントと必要な社会資源との関係構築・調整のための機能

6	仲介機能	クライエントとそのニーズに応じた適切な社会資源との間を媒介し、結びつけるという機能。人々の生活の多様化とともに、クライエントのニーズも多様化・複雑化し、各種制度やサービスの種類・内容も多岐にわたってきている。ソーシャルワーカーには、クライエントの問題解決にどのような社会資源が有効であり、かつ、いかに両者を結び付けるかということ、すなわち仲介者としての機能。
7	調停機能	家族や関係者間での意見の相違や、組織や集団、地域住民相互の間に葛藤があるときなどに、合意形成を図るべく、それらの関係に介入する調停者としての機能。
8	ケア（ケース）マネジメント機能	多様な問題やニーズを同時に抱えているクライエントや家族に対する複数の必要な社会資源の包括的な利用を可能にするケア（ケース）マネジメント機能。

機関や施設の効果的な運営や相互の連携を促進するための機能

9	管理・運営機能	機関や施設全体の管理・運営業務に携わるソーシャルワーカーが果たすべき機能。自ら所属する機関等が提供するサービス内容の改善や質の維持・向上に努力し、利用者や地域から信頼される機関、施設づくりに向けての機能。
10	スーパービジョン機能	スーパーバイザーとして、適切なサービスの提供を可能にする職員集団作りや運営、有能なワーカーの育成のための指導、またワーカーに対する精神的な側面でのサポート等を目的とした機能。
11	ネットワーキング（連携）機能	個人や家族の安定した生活を地域で支えていくためには、地域に存在する施設や機関、また医療、保健、福祉など各種のサービスやその従事者、地域住民による組織やボランティア団体などが、相互に連携してネットワークを形成し、有効に機能することが求められる。ソーシャルワーカーにはクライエントへの効果的な援助という目標に向かって協働する社会資源のネットワークの構築とその有効な運用を促すネットワーカーとしての機能。

制度や施策の改善・発展、また社会全体の変革を促すための機能

12	代弁・社会変革機能	ここで言う「代弁」とは、クラス・アドボカシーあるいはコーズ・アドボカシーと言われ、地域全体における社会資源の開発や制度や施策の発展を求める機能をいう。クライエントや家族の立場からの要求を代弁して行政に訴えることなどによる、社会資源の開発や施策の改善への反映。地域の偏見や差別意識のために社会参加が妨げられるなど社会的に抑圧された状態の人がいる場合には、そうした人々の声を代弁しながら社会環境に働きかけていくことにより、誰もが地域社会の一員としての権利と機会が保障される社会への変革を促していく機能。

| 13 | 組織化機能 | 地域に何らかの福祉問題が発生するなど住民のニーズが満たされていない場合には、地域住民が主体となってそれらの問題の解決に取り組むことが重要となる。このような時に、地域における住民の組織化や家族会などの当事者の会（セルフヘルプグループ）の形成を促す働きが求められる。同じ地域に暮らす人々がつながり、支えあう地域づくりのために果たすべき機能。 |
| 14 | 調査・計画機能 | 地域福祉の推進のためには、住民のニーズや地域におけるサービスの整備状況などを的確に把握して、街づくりや必要なサービスの整備などを計画的に進める必要がある。そのために住民やサービス利用者などへのアンケート調査や問題を抱える人々の声を直接聴く調査を行い、また、住民参加の促進やボランティア育成、サービスの整備やネットワークの形成など地域福祉推進のための計画策定に携わるなどの機能。 |

出典：公益社団法人日本社会福祉士会編集「基礎研修テキスト上巻」pp.38-43, 2015年より抄出

第 3 節　事例にみるマクロレベルのソーシャルワーク機能を果たすために必要な要素

次に、第3章の三つの事例から、「代弁・社会変革機能」「組織化機能」「調査・計画機能」の三つの機能を中心にマクロソーシャルワークに必要な機能を果たすために必要な要素を読み解いてみる。

2018年実態調査では、マクロレベルのソーシャルワーク機能を発揮する機会そのものが限られており、機会があっても経験できない社会福祉士の割合が、ほかのミクロレベルのソーシャルワーク機能やメゾレベルのソーシャルワーク機能よりやや高くなっていた。さらに、マクロレベルのソーシャルワーク機能を発揮するために必要な知識・技術は、「地域住民とのかかわり」と「ソーシャルワークの価値・倫理」と相関性が有意に高かった。

このことから、三つの事例について、三つの機能別に、具体的にどのような「価値・倫理」に基づき、どのようにコミュニティ、組織、社会、グローバルとかかわり、どのような「知識・技術」を活用してマクロソーシャルワークを実現したのかを以下に読み解く。

要素1　価値・倫理

まずは、各事例における「価値・倫理」について押さえておく。

一つ目は、曽根氏が「生活は本人のもの」という価値・倫理に基づき、障害のあるAさんへの支援をきっかけに、Z市（地域）での「24時間ホームヘルパー派遣」を新たな事業と

して開発し現在も介護保険法に位置づけられている「定期巡回・随時対応型訪問介護看護」として継続的に実施されている事例である。

二つ目は、澤登氏が、地域住民の「安心した生活」という価値・倫理に基づき、高齢者自身が元気なうちから地域とつながる「みま～も」の仕組みをつくり、「のれん分け」として全国展開しており、孤立予防だけでなく空き店舗の活用などにも波及効果がみられた事例である。

三つ目は、木村氏が、イスラム教への誤解、偏見、差別のない「人権尊重」という価値・倫理に基づき、「川崎市差別のない人権尊重まちづくり条例」制定への活動や専門職団体による提言や計画に基づいた研修事業開発など多文化理解に取り組んだ事例である。

次に、上記の「価値・倫理」に基づいて、マクロレベルのソーシャルワーク機能を果たすために必要な主な「知識・技術」や「地域住民とのかかわり」についてみてみる。

要素2　知識・技術

（1）「代弁・社会変革機能」を果たすために必要な主な知識・技術

マクロソーシャルワークに必要な機能の一つ目は、「代弁・社会変革機能」である。

各事例から「さまざまな同一性に基づくタイプのコミュニティの立場を代弁し、社会、グローバルな制度や施策の改善・発展または社会全体の変革」の実現にコミュニティ、組織、社会、グローバルなかかわりも含め、必要な知識・技術として五つあげる。

1　海外、国・都道府県・市町村等のあらゆる計画・動向の把握と活用

曽根氏の事例では、当事者の声を代弁し、制度を実現するためにノーマライゼーションや、新ゴールドプラン、障害者プラン、厚生労働省社会福祉関係主管課長会議資料など関係する海外、国・都道府県、Z市の市民福祉プラン等に関係する文献・資料を把握していた。

澤登氏の事例では、活動に取り組んでいる経過のなかで、国が地域共生社会の実現に向けた計画等を発表しているが、国でとりまとめている「プラットフォーム」は、自分たちの活動でいうと「多様な人が交わり、共感を通して、未来のあるべき姿を共有できる環境である」としており、国の施策の動向を把握し、国の施策と無関係ではないことを意識しながら取り組んでいる。

木村氏の事例では、多文化ソーシャルワーク研修会や外国人市民代表会議等で国や市の動向及び当事者のニーズを把握しながら活動していた。

社会への変革を促すためには、海外・国等の動向を見定めたうえで、情報を総合的に活

用する必要がある。

2　Win-Win の関係性の構築

曽根氏の事例では、「Ａさん」にとっても「Ｚ市」にとっても Win-Win の関係になるように実現している。具体的には、Ａさんが一人暮らしをするために必須の「夜間のサービス提供の実現」が、Ｚ市が掲げる「ノーマライゼーションの町づくり」を中心とした「市民福祉プラン」の実現につながることを常に意識してもらえるようはたらきかけていた。社会資源の開発には、自分以外の方々の協力・協働なくしては実現しない。

木村氏の事例では、川崎市市民代表者会議やオープン会議への出席、情報共有や意見交換等により、日本に暮らすムスリムのほか外国人の生活ニーズの実現の一助となっている。また、自治体としては、会議等を通して具体的な提言等を受けることで、外国人のニーズ把握に役立っている。「自治体」「日本で暮らす外国人」の二者が Win-Win の関係となっているといえる。

かかわる人にメリットがある形で進めることが実現の鍵となっているといえよう。

3　機会の最大限の活用

曽根氏の事例では、障害者プラン策定委員会のメンバーとしてＺ市の計画策定に関与できたチャンスを最大限に活かしたといえる。具体的には、ミクロレベル（Ａさんのニーズ）から発生した夜間のサービス提供の必要性を代弁し、マクロな社会資源として制度の開発、発展を求めた。

木村氏の事例では、専門職団体である神奈川県社会福祉士会の自主活動グループ「神奈川・国際多文化ソーシャルワーク研究会」の副会長としての経験を最大限に活かし、委員会の発足や研修事業の展開、外国人介護士の働く環境の改善や理解促進に寄与するなど、アンテナを高くもち、日頃の活動による信頼関係の構築等がベースとなることでチャンスを意識的に活かしたといえる。また、自治体の条例制定時の意見募集を逃さず活用し、タイムリーに専門職団体による提言を実施している。

これらは、単なる偶然から生まれたものではないと考える。

ソーシャルワーク専門職は、日常的に個別事例などからあらゆるニーズを把握している。そうした把握しているミクロレベルのニーズをメゾ・マクロレベルでの実現という視点で常に考えているだろうか。

2018 年実態調査結果では、ソーシャルワーク機能を発揮する促進要因として「業務として機能を果たせる機会がある」があげられていた（p.16 参照）。ただ、業務として機能

を果たせる機会がなければ果たせないのではない。すぐにはどうにかできなくとも、可能となるタイミングをうかがう、あるいはかかわるにはどうすればよいかを模索することが「社会変革」の機能を果たすために必要である。

4　価値・倫理への回帰

曽根氏の事例では、Z市の「市民福祉プラン」は、「ノーマライゼーションの理念」「障害のある人もない人も市民みんなが安心して生活することができる支援体制の構築の実現」が価値・倫理であった。

澤登氏の事例では、「高齢者見守りネットワークをつくる会」の発足後、任意団体を別組織として設立し、活動を広げるなか、協賛企業にメリットをより感じてもらうために「本当の意味で高齢者の安心につながるもの」として「高齢者見守りキーホルダー」のシステムが誕生している。

木村氏の事例では、神奈川・国際多文化ソーシャルワーク研究会として開催するときに、日本社会福祉士会の倫理綱領（人間の尊厳）等を用いて、説明している。

課題の達成に向かってなんらかの壁にぶつかったとき、より大きな「代弁・社会変革」を起こすために、価値・倫理に立ち戻り、目的がぶれずに舵を取ることができていた。

5　スーパービジョンの活用

曽根氏の事例では、措置制度の障害者ホームヘルパー派遣事業の委託費と自主事業である介護保険事業の報酬は会計上分けて管理しなければならないことや、障害者支援の専門性がない高齢者対応のホームヘルパーが障害者支援をできるのか、といった課題があった。その課題をクリアできたのは、先駆的に取り組んでいたX市福祉部長だったB氏に「教育的・支持的」なスーパーバイズを受けることができたからであった。

澤登氏の事例では、同じ不安を抱えた住民同士が集まり、活動することによって、ピアスーパービジョンが活用されたととらえることができる。誰しもが「孤独死」「孤立死」といわれる状態で死を迎える可能性がある社会であり、特に年齢が高くなるにつれその不安は増していく。社会的課題・問題を自分の課題・問題と認識し取り組んでいく関係性が「仲間」として全国展開につながったといえよう。

木村氏の事例では、モスク・東京ジャーミイにて日本人のイスラム教徒（ムスリム）の方と課題を共有し「教育的・支持的」なスーパーバイズなどを受けていたことで、自分自身が何をすべきかが明確になったと述べている。

既述の事例には明記されていないが、上司の理解や同僚の理解を得られるようにしてい

たことがうかがえるため、組織内でのスーパービジョンも活用されていると思われる。加えて、外部のスーパービジョンを受けられる環境があることが重要であるといえよう。

　そして、各事例の記述のなかで「機能」について述べている部分をみればわかるとおり、事例の著者自身が「スーパーバイザー」として活躍している様が理解できよう。事例の著者が「組織」を「クライエント」とみなして各機能を発揮し、その機能を発揮していることを認識できていることがわかる。自分が何の機能を果たしているのかを分析できることはスーパーバイジーとしても重要である。

（２）「組織化機能」を果たすために必要な主な知識・技術

　マクロソーシャルワークに必要な機能の二つ目は、「組織化機能」である。

　各事例から「さまざまな同一性に基づくタイプのコミュニティの組織化を図る。そのコミュニティが主体となって社会変革に取り組み、問題・課題の解決にはたらきかける」ために、住民とのかかわりを含め必要な知識・技術を、三つあげる。

１　Win-Win の関係性の構築

　曽根氏の事例では、夜間のホームヘルパー派遣継続のために、「Ｚ市」にとってはより少ない補助で維持でき、「社会福祉協議会」にとっては、経営的に安心して事業を継続できる、お互いプラスとなる提案を行っている。

　澤登氏の事例では、集客のために住民が自分たちの課題に自主的に参加したいと思える工夫（参加で得られるスタンプをためることで百貨店のお米がもらえるなど）をしたり、協賛企業を増やすために百貨店などの協賛企業が自社のPRができたり、関係機関と連携できたりするなどのメリットがあるように仕掛けを施したりしている。

　「代弁・社会変革機能」でもあげたことであるが、「組織化機能」でもかかわる人にメリットを感じてもらうよう取り組むことが重要である。

２　組織の維持のためのマネジメント

　曽根氏の事例では、夜間のホームヘルパー派遣事業を開始した後、赤字経営となったが、Ｚ市の補助制度を提案し、事業の安定化を図った。

　澤登氏の事例では、意見の異なる異業種分野同士のメンバーが月１回定期的に集まり、議論ができる関係性になるよう運営のための会議を開催している。活発な議論を重ねることで新たな発想が生まれ継続した企画・運営につながっている。

　事業を生み出すまでに時間を要するが、維持可能となるまでにも時間を要する場合があ

る。あきらめずに、根気よくかかわることが必要である。

3　モニタリングの実施

　曽根氏は、Ａさんが夜間のホームヘルパー派遣事業を利用してＡさんの一人暮らし生活がどうなったのか、Ａさんの両親がどのようにＡさんにかかわるようになったかをモニタリングしている。また、その事業が現在も継続していることをモニタリングしている。

　ミクロ・メゾ・マクロレベルのソーシャルワークは、すべてのレベルが関係し合うシステムである。別々に動くシステムではない。マクロレベルで起こったことがミクロやメゾレベルに影響している。そのため、個々の事例等においてマクロレベルのことがどのようにほかに影響したかの確認は重要である。

（3）「調査・計画機能」を果たすために必要な主な知識・技術

　マクロソーシャルワークに必要な機能の三つ目は、「調査・計画機能」である。

　各事例から「さまざまな同一性に基づくタイプの社会、グローバル等に対する量的または質的な調査を行い、コミュニティ実践、組織運営管理、政策実践に関する計画策定や評価に携わるとともに、計画的に進めること」の実現のために、住民とのかかわりのほかに必要な知識・技術として、二つあげる。

1　根拠（エビデンス）の発信

　曽根氏の事例では、24時間ホームヘルパー派遣事業実現に向けてＺ市を説得するため国で示された整備目標についてＺ市では達成率が９％にしか過ぎないことを試算し、他自治体の実施状況や運営面の情報を収集し、厚さ５センチにもわたる報告書を作成した。

　澤登氏の事例では、地域共生社会にかかる検討会などで自分達の取組みを図にしてわかりやすく資料を作成し説明している。

　木村氏の事例では、見学ツアー実現のため「情報収集」として日本にあるイスラム教寺院の数を調べ、実際に複数の寺院に足を運び事例調査によるニーズ等を把握している。また、多文化理解促進のため収集した情報や活動をメーリングや、Facebook を活用して発信している。

　量的・質的調査は、情報収集で傾向を把握するものからソフトを使って分析するものまで多種多様である。事例によってはソフトを使った調査分析が必要になることもあろうが、実際に用いられている調査分析をみると決して難しいものばかりではない。実践を進めるにあたり、適当と思われる根拠を期間内に準備し、相手にわかりやすく文字や図など

で説明できるよう整理し、ツールなどを使用して発信することが必要である。

2　既存の計画等の活用

　曽根氏の事例では、国の計画策定の期限や、Z市の計画策定のサイクルにあわせ、必要なエビデンスを収集し、夜間ホームヘルパー派遣事業の赤字経営の収支差額を市が補助する際も、継続性の担保のための最小限の負担であることを提示し、市の決定プロセスに則って行っている。

　木村氏の事例では、神奈川県社会福祉士会での定期的な研修会、認定社会福祉士認証研修である多文化ソーシャルワーク研修会として企画運営するなど事業計画を意識したうえで実施している。

　既存の計画等を把握し、その計画等を大いに利用して自分の計画を立てていくことで、目標の実現可能性が高くなるといえよう。

第4節　まとめ

　まとめとして、各事例にみられたマクロソーシャルワーク機能の発揮に必要な知識・技術の特徴を三つあげる。

　一つ目に、各事例の著者すべてに「価値・倫理」が明確に存在し、必ず立ち戻り、確認するプロセスがあった。何に向かっているのかを常に意識していることが特徴といえる。

　二つ目に、各事例の著者が、一人では実現が不可能であることを伝えていた。自分以外の人々との協力・協働による「Win-Winの関係性の構築」を実現している様が各事例において描かれていた。しかし、目標の実現に至るプロセスのなかで対峙関係が全くない・避けてきているわけではないことは想像に難くない。時に対峙関係にあっても、実現プロセスのなかで信頼関係に変わる、異なる意見を互いに受け入れられる関係が構築される、距離を保った関係が継続できるなどもあろう。協働関係構築のプロセスそのものがマクロソーシャルワークであることが特徴と考える。

　三つ目に、自分の立場や既存の計画、社会資源、スーパービジョン、ツールなどが、適切なタイミングで、最大限活用されていた。このことは、2018年実態調査のフォーカス・グループ・インタビューのなかで「センス」「感性」「調整力（根回し）」などと呼ばれていたこと

表4-3 マクロソーシャルワーク機能を実現するために必要な知識・技術

「代弁・社会変革機能」	・海外、国・都道府県・市町村等のあらゆる計画・動向の把握と活用 ・Win-Winの関係性の構築 ・機会の最大限の活用 ・価値・倫理への回帰 ・スーパービジョンの活用
「組織化機能」	・Win-Winの関係性の構築 ・組織の維持のためのマネジメント ・モニタリングの実施
「調査・計画機能」	・根拠（エビデンス）の発信 ・既存の計画等の活用

資料：筆者作成

と通ずると思われる。センスや調整力などと表現されているものは、自分自身が常に意識し、仲間とともに取り組んでいくことでより洗練されていくものであると考える。アセスメントから始まり、目標の実現に向かうプロセスは、現時点で実現にいたっていなくとも、そのプロセスに意味・意義があり、あきらめずに取り組む姿勢が特徴といえよう。

　以上、マクロソーシャルワークの機能に必要な知識・技術についてみてみたが、上記三点を意識することによって、マクロソーシャルワーク機能を発揮することの可能性を身近に感じることができたのではないだろうか。マクロソーシャルワーク機能を果たすことは、難しいことではなく、すぐにでも取り組めることととらえることから始まると考える。

引用文献 ⋯⋯⋯⋯⋯⋯⋯⋯⋯⋯⋯⋯⋯⋯⋯⋯⋯⋯⋯⋯⋯⋯⋯⋯⋯⋯⋯⋯⋯⋯⋯⋯⋯⋯⋯⋯

１）公益社団法人日本社会福祉士会編集「基礎研修テキスト上巻」pp.36-43，2015年

まとめ

本書におけるマクロソーシャルワークの到達点

　新型コロナウイルスによる世界的パンデミックが進行中である（2021年10月時点）。世界史に残る事実であり、私たちは歴史の体現者である。新たな感染症の拡大によって多くの感染者と死亡者がもたらされている。さらに、私たちは、感染防止の観点から、社会経済活動の自粛、保健・健康に資する活動の自粛、ボランティア活動の自粛等、人と人との距離を一定以上に保ち、人と人とのかかわりを制限するなど意識と行動の変容を余儀なくされている。人と人との距離をとることによって、これまでの暮らしが変化し、潜在的なニーズが顕在化するなど、結果として生きづらさを抱える人々が増え、構造化している。

　このような状況においても、また、このような状況下だからこそ、社会変革、社会開発、社会的結束および人々のエンパワメントと解放を促進する、ソーシャルワークが求められていることを痛感させられる。

本書の到達点

　本書の到達点は、第2章で述べたように、マクロソーシャルワークに焦点を当て、その射程を、「不特定多数の人々への影響を想定し、社会・経済状況、法律・制度、意識・価値観、偏見・差別等の社会不正義、慣習等の変革を目指して展開する意図的なコミュニティ実践（組織化、計画化、資源・能力開発、アドボカシー）、組織運営管理、政策実践である」と明確にしたことにある。マクロソーシャルワークの射程を明確にすることは、マクロレベルの任務の責任の所在と役割を明確にすることであり、ソーシャルチェンジの展開を促すものである。

　一方で、第1章で述べているように、「ソーシャルワークにおいてミクロ・メゾ・マクロレベルでの実践は一体であって切り離すことはできないものであり、『マクロ』は2014年に採択されたソーシャルワーク専門職のグローバル定義によって『新しく』付け加えられたもの」ではない。マクロレベルの任務は強調されているだけなのである。

偏在するソーシャルワーク実践

　ところで、ソーシャルワーク専門職のグローバル定義の採択の後、私たちは、マクロレベルの任務を果たし得ているのであろうか。

　序章において述べたように、公益社団法人日本社会福祉士会（以下、本会）が2018（平成30）年に実施した「ソーシャルワーク専門職である社会福祉士のソーシャルワーク機能の実態把握と課題分析に関する調査研究（以下、2018年実態調査）」において、マクロソーシャルワーク機能の発揮の機会の有無をみると、代弁・社会変革機能が41.9％、組織化機能が35.4％、調査・計画機能が32.9％と、三つの機能の平均では36.7％となっている。

　一方、ミクロレベルの八つの機能（側面的援助機能、代弁機能、直接支援機能、教育・指導機能、保護機能、仲介機能、調停機能、ケア（ケース）マネジメント機能）の平均が72.9％、メゾレベルの三つの機能（管理・運営機能、スーパービジョン機能、ネットワーキング（連携）機能）の平均が55.8％となっている。

　ミクロ・メゾ・マクロレベルでのソーシャルワーク実践は一体といいながらも、実践現場においては、マクロレベルの機能を発揮する機会は限られていることがわかる。

　また、それぞれの機能に関する知識・技術の有無（「有している」と「ある程度有している」を合わせた割合）は、ミクロレベルの八つの機能の平均は、73.0％、メゾレベルの三つの機能の平均は、51.8％、マクロレベルの三つの機能の平均は、31.6％となっており、知識・技術においても偏りがみられる。

　ミクロレベルに偏在するソーシャルワーク実践の構造の変革を目指し、ソーシャルワーク専門職たちが自らマクロレベルの任務を果たしていくことができるよう、マクロレベルの変革を促していく挑戦的な試みが本書である。マクロソーシャルワークを体現しようとする試みであるともいえよう。もちろん、本書でソーシャルワークのすべてを網羅しているわけでもなく、すべてを解説しているわけでもない。各章・各節で取り上げた内容は、数ある知見の一部であり、詳細は、それぞれの専門書等を参考にしてもらうことを前提としている。また、本書を読むだけでマクロソーシャルワークの機会をはじめ、知識・技術を得られるわけでもない。

　それでも、今日的な政策動向をはじめ、ソーシャルワークの状況を踏まえながら、あらためて「マクロソーシャルワーク」を焦点化し、ミクロ・メゾ・マクロレベルの連続的なソーシャルワーク実践を試みようとする大きな力になるものと確信している。

研修と書籍の学びの循環

　また、本会は、本書と並行して、本書を活用するマクロソーシャルワークに関する研修会の開発を進め、学びの循環をつくることとしている。本書を通して得られた学びの成果を、実際のマクロソーシャルワーク実践に役立てることにつなげる。さらには、マクロソーシャルワーク実践をはじめたソーシャルワーク専門職たちが、実践を通して新たに生じた課題等

を解決するために、本研修に参加することで、学びの循環が生まれる。学びの循環は、ソーシャルワーク専門職の実践力の向上につながる。

　本書では、コミュニティを「地域社会」ではなく、多様な同一性や共同性に基づいた「人々の集合体」としてとらえている。読者は、このことへの違和感や批判があるかもしれない。しかし、重要なことは、ソーシャルワーク専門職の使命である人権の尊重と社会正義の実現を目指し、マクロソーシャルワーク実践を展開することである。それが、本書の意義である。

第2節　マクロソーシャルワーク実践に求められる価値・知識・技術

　前節でも述べた2018年実態調査におけるソーシャルワーク機能を促進する要因分析において、「ソーシャルワーク機能を発揮するために必要な知識・技術については、ミクロ、メゾ、マクロ機能は、全般的に『専門職団体との関係』、『自律性』、『ネットワーク』、『地域住民とのかかわり』、『ソーシャルワークの価値・倫理（ソーシャルワークに対する考え方）』との相関が有意」に高く、「マクロの機能を発揮するために必要な知識・技術については、『地域住民とのかかわり』、『ソーシャルワークの価値・倫理』」との相関性が高く、「ソーシャルワーク機能を発揮するために必要な知識・技術を有するためには、専門職団体との関係をしっかりともち、専門職としての自律性をもち、専門職のネットワークを構築・維持し、地域とのかかわりを意識し、ソーシャルワーカーとしての価値・倫理をしっかりと持つことが必要である」[1] としている。

　ソーシャルワークの価値・倫理は、第1章で述べたとおりであり、ソーシャルワークの根拠は、ソーシャルワークの中核をなす原理を体現していることである。マクロソーシャルワーク実践を展開するうえで、「価値・倫理」との相関性は、人権や社会正義などを実現するためのものであることがあげられる。

　また、「地域住民とのかかわり」との相関性は、第2章でも述べたように、「『組織運営管理』『コミュニティ実践』『政策実践』の三つの領域が重なり、関係しあい、それらの実践を小グループが媒介しているもの」と整理したことなどがあげられる。

実践事例における価値・倫理

　事例①の実践は、「脳性麻痺があり、車いすを利用している女性のAさん」をアクション

ターゲットとし、Aさんの一人暮らしの希望を実現するために24時間ホームヘルパー派遣事業の体制を整備し、制度改正をもたらした。これは、第4章でも述べているように、「生活は本人のもの」という価値・倫理に基づき、Aさんの希望に沿ったソーシャルワーク実践を起点として、制度の改正を実現し、ほかに同様のニーズを抱える人々も当該制度を利用することができるよう変革をもたらした。Aさんの希望を実現することで、Aさんと同様のニーズを抱える人々の希望を実現したといえよう。

事例②の実践は、対象を「自分ではSOSの声を上げることのできない地域とのつながりを断っている高齢者」から「医療・介護の専門職の支援を必要とせず、地域とも十分つながりを保っている『元気高齢者』」へと変化させている。これは、「自分ではSOSの声を上げることのできない地域とのつながりを断っている高齢者」が安心して生活できるよう対応するだけでなく、その段階に至る前のすべての高齢者が利用等できるようにしたのである。社会正義の実現等の価値・倫理に基づき、「みま～も」などのアプローチを用いて、人々とのつながりを再構築し、その対象を拡大させながら、同様の潜在的ニーズを抱える「元気高齢者」を支える仕組みづくりに取り組んだ実践であり、社会の変化を促しているといえよう。

事例③の実践は、「イスラム教及び日本に住むムスリムの生活」を送る人々を対象とし、「人権尊重」や「多様性の尊重」という価値・倫理に基づき、イスラム教に対する誤解、差別や偏見を解消するために学びの共有を通して取り組んでいる。

いずれの実践も特定のクライエントを含め、同様のニーズを抱える人々とのかかわりをもっている。ソーシャルワーク専門職としては、抑圧、差別、偏見、不公正等を生む構造を批判的に考察できる素養が求められている。そのことに気づくことができなければ、実践の必要性を意識することができないからである。詳しくは、第1章において、価値・倫理の重要性を述べているので参考にされたい。第2章～第4章では、マクロソーシャルワークを実践するうえでの知識や技術についても触れており、これらを確認したり、参考文献を確認したりすることで、理解を深める一助となるものと考えている。

第3節　これからのマクロソーシャルワークの方向性

序章でも述べたとおり、「ニッポン一億総活躍プラン」では、子供・高齢者・障害者など

すべての人々が地域、暮らし、生きがいを共に創り、高め合うことができる「地域共生社会」の実現に向けて、支え手側と受け手側に分かれるのではなく、地域のあらゆる住民が役割をもち、支え合いながら、自分らしく活躍できる地域コミュニティを育成し、福祉などの地域の公的サービスと協働して助け合いながら暮らすことのできる仕組みの構築を目指している。国は、地域共生社会の実現を基本コンセプトとして、各施策の見直し等を進めている。

本書では、メゾソーシャルワークの射程を「グループ、組織・団体、コミュニティを構成する人々への影響を想定し、影響の対象となる人々やグループ、組織・団体、コミュニティそのものの変化や内容での問題解決に向けた意図的な実践」とし、マクロソーシャルワークの射程を「不特定多数の人々への影響を想定し、社会・経済状況、法律・制度、意識・価値観、偏見・差別等の社会不正義、慣習等の変革を目指して展開する意図的なコミュニティ実践（組織化、計画化、資源・能力開発、アドボカシー）、組織運営管理、政策実践」としている。

国が進める地域共生社会の実現に資する施策は、この射程からみると、「グループ、組織・団体、コミュニティを構成する人々への影響を想定し、影響の対象となる人々やグループ、組織・団体、コミュニティそのものの変化や内容での問題解決に向けた意図的な実践」に含まれるものと解することができる。つまり、ミクロ・メゾレベルの実践が主であるといえよう。第2章でも述べられたようにマクロレベルの実践が展開しづらい構造があるのだとすれば、ソーシャルワーク専門職は、ミクロ・メゾレベルのソーシャルワーク実践が主たる任務とすべきなのであろうか。そして、ソーシャルワーク専門職は、社会を変えるために行動している「様々な専門職、組織、機関や市民」に任せればよいのだろうか。

地域共生社会の実現に向けた具体的な施策等の推進に向け、2019（令和元）年「地域共生社会に向けた包括的支援と多様な参加・協働の推進に関する検討会（地域共生社会推進検討会）（以下、地域共生社会推進検討会報告書）」が公表された。このなかで「血縁、地縁、社縁といった共同体の機能が脆弱化している。これまでも地域では民生委員・児童委員や自治会役員等が見守りの役割を担い、相談を受け止め関係機関につなぐなど安心して暮らせる地域の実現に向けて尽力し、様々な取組を重ねてきた。しかしながら、人口減少が本格化し高齢化も進む中で、担い手の確保に苦慮しているとの声も多い」と指摘している。人口が漸減し続けるなかで担い手の確保は難しくなることが予想される。また、「外国人の増加や性的指向・性自認の多様化など、社会の構成員やその価値観の多様性は増しており、地域や社会がこのような多様性を受け止める力を高める」「DV被害者や性暴力被害者、刑務所や少年院からの出所者など、住民の身近な圏域で対応しがたい場合や、より専門的な支援が求められる」など、地域社会という一定的な地理的範囲を超えた支援を必要としていることを指摘

している。さらに、「一人ひとりの多様な参加の機会の創出や地域社会の持続という観点に立てば、その射程は、地方創生、まちづくり、住宅、地域自治、環境保全、教育など他の政策領域に広がる」と指摘しており、福祉政策のみならず、関連政策を含むことから、マクロソーシャルワークの必要性を示しているといえよう。

　第1章でも述べたように、マクロソーシャルワーク実践なしには、人権の尊重、社会正義の実現はできないというのが本書を貫通する基本的な考え方である。ソーシャルワークが、ミクロ・メゾ・マクロレベルの実践の連続体であることからすれば、むしろ、強調して実践すべき領域であるといえよう。また、倫理綱領では、多様性の尊重として、「ソーシャルワーカーは、個人、家族、集団、地域社会に存在する多様性を認識し、それらを尊重する社会の実現をめざす」と掲げている。多様性の尊重は地域社会で完結するのではなく、社会のなかで実現を目指すものである。

　しかしながら、「ミクロソーシャルワーク」と「マクロソーシャルワーク」が分断された今日の現状において、本会が実施した調査等からマクロソーシャルワーク実践の機会が限られていることが、明らかになっている。また、「共生社会」の実現ではなく、「"地域"共生社会」の実現とされていることも、無意識のうちに「一定の地理的な範囲」という境界線の内側に実践をとどめてしまっていると考えられる。一定の地理的な範囲を越境するソーシャルワーク実践の難しさを内包しているともいえよう。こうした分断された構造を変革していくこともソーシャルワーク専門職に求められている。

　例えば、新型コロナウイルス感染症の拡大によって、感染防止等の観点から「テレワーク」が推奨されたこともあり、本書の編集もすべてオンラインで行い、新しい可能性をもたらした。また、所在地とは異なる特定の地域に対して、継続的に多様な形でかかわる人々（関係人口）が増えており、担い手の確保の観点からも新しい可能性を秘めている。つまり、「一定の地理的な範囲」に留まらない実践の可能性を示唆している。

　ソーシャルワーク専門職は、差別、貧困、抑圧、排除、無関心、暴力等生きづらさを抱えながら暮らしている人々を支えることができる。そして、人々の生活は、地域や社会とも密接な関係があり、ソーシャルワーク専門職は、よりよい社会を築くことができる専門職として、価値・知識・技術を有しているものと確信している。日々の暮らしは、目に映る日常生活と、テレビ等を通して映る世界情勢とつながっている。ゆえに、私たちの実践は、世界を変える起点となり得る。

　ソーシャルワークは、ミクロ・メゾ・マクロレベルの実践の連続体であるからこそ、「ソーシャルワーク」なのであり、私たちは「ソーシャルワーク専門職」として社会の期待に応え

ていく必要がある。

　本書を手にするソーシャルワーク専門職を志望する学生をはじめ、教員、実践者等にとって、本書が「マクロソーシャルワーク」への理解と関心を深め、これからの時代に求められるソーシャルワーク実践を展開する一助となることを期待する。

『社会を動かすマクロソーシャルワークの理論と実践　あたらしい一歩を踏み出すために』
編集委員会委員一覧

【委員長】

竹田　匡　（公益社団法人日本社会福祉士会理事）
序章、まとめ

【委員】

渡辺　裕一　（武蔵野大学人間科学部教授）
第1章、第2章

原田　奈津子　（社会福祉法人恩賜財団済生会済生会保健・医療・福祉総合研究所上席研究員）
第3章第1節、第3章第2節事例③解説

大島　千帆　（埼玉県立大学保健医療福祉学部准教授）
第3章第2節事例①・事例②解説

乙幡　美佐江　（社会福祉士）
第4章

石川　久展　（元・関西学院大学人間福祉学部教授）

【事例執筆者】

曽根　直樹：第3章第2節事例①

澤登　久雄：第3章第2節事例②

木村　有孝：第3章第2節事例③

社会を動かすマクロソーシャルワークの理論と実践
―あたらしい一歩を踏み出すために―

2021年11月20日　発行

編　集 ……………………… 公益社団法人日本社会福祉士会

発行者 ……………………… 荘村明彦

発行所 ……………………… 中央法規出版株式会社
　　　　　　　　　　　　　〒110-0016　東京都台東区台東3-29-1　中央法規ビル
　　　　　　　　　　　　　TEL 03-6387-3196
　　　　　　　　　　　　　https://www.chuohoki.co.jp/

印刷・製本 ………………… 株式会社太洋社

装幀・本文デザイン ……… 株式会社ジャパンマテリアル

ISBN978-4-8058-8380-8